U0642695

勿使前辈之遗珍失于我手

勿使国术之精神止于我身

百家功夫

传统吴式太极拳入门诀要

张全亮 著

北京科学技术出版社

贺蒋金亮先生新作
《传统吴式太极拳入门诀要》

理映是根本
韵新堂玉境

丁亥夏

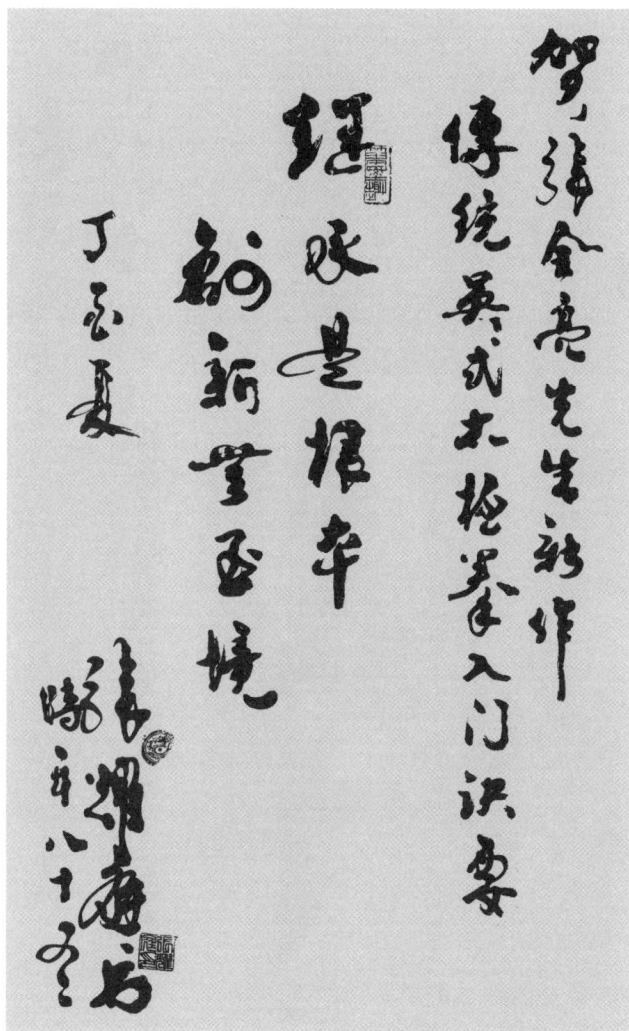

张耀庭，原中国武术协会主席，原中国武术院院长

弘扬国术
重任在肩

中国武术协会原主席

张金亮
马永兰 伉俪 : 李杰

李杰，原中国武术协会主席，原国家体育总局武术运动管理中心主任

自由自如功夫

境地

题张全亮老师新书

金功保

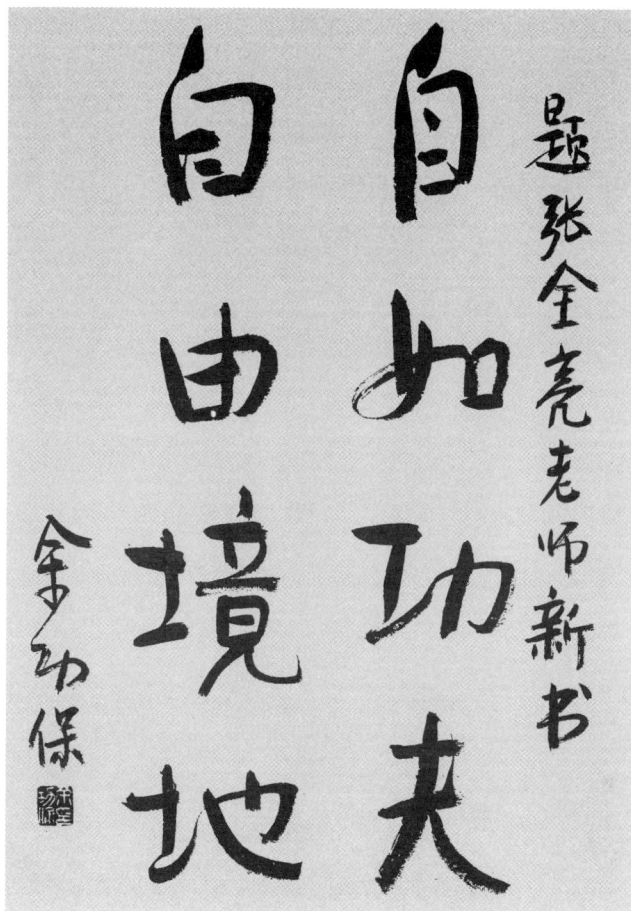

余功保，著名太极文化学者，世界太极拳网总编

序

因与张全亮先生多年朋友的关系，在他的这本《传统吴式太极拳入门诀要》付梓之前，我便见到了这本书的原稿。张先生的意思，无非是想让我看完之后提些意见以便修改；而就我而言，则是沾了近水楼台的光，得以先睹为快。

看完之后，我觉得应该写点什么，把我对张全亮先生的一些了解和我看完这部书稿后的一些感受告诉读者，以期为朋友们阅读本书和学习吴式太极拳提供一些帮助。

对于张全亮先生，即便没有读过他的书，只要您是武术、特别是太极拳爱好者，恐怕多少都会对他有些了解。在众多的报纸杂志和电视节目中，我们常常可以看到他写的文章或关于他的节目。而他所传承的吴式太极拳，2009 年和 2014 年先后被评定为北京市和国家级非物质文化遗产代表性项目。这一切充分说明，张全亮先生的确是当代中国武林一个有很大影响力的重量级人物。

张全亮先生的成就，我以为主要表现在两个方面：一个是他本人功夫上的造诣，一个是他在传承和发展中华武术方面的突出贡献。关于这两方面的内容，我不想多说，因为各位所了解的，也许一点儿都不比我少。这里，我只想和朋友们讨论一个问题，就是张全亮先生为什么能够取得这样的成就？

说到张全亮先生成功的原因，我突然想到了张先生早年的一件事。那时，他还是个青年，在他的家乡北京大兴农村当党支部书记。那里的土地，是数十年来永定河决口的泥沙淤积而成的，下面如同筛子眼儿一般，无论给庄稼浇多少水、施多少肥，很快就会渗漏无遗。这对庄稼的生长十分不利，所以长久以来，全村人都靠吃国家供给的统销粮过日子。为了解决这个漏水漏肥的问题，张全亮费尽了心思，最后想出了压住"草鸡毛"（通过植树造林、打井灌溉把见风就起的流沙稳住）、削平"骆驼背"（把高低不平的沙丘推平）、堵上"筛子底"（改良土壤解决沙地漏水漏肥的问题）等办法，带领乡亲们解决了这个近20年都解决不了的难题。这在当时简直就是个神话，为此，张全亮先生还受到了毛主席的亲切接见。

执着、勤奋、刻苦、善于思考和总结，这是张全亮先生能够获得成功的重要原因。但，我认为，这还不是最根本的。最根本的是什么？就吴式太极拳而言，开始时是出于对武术的痴迷、酷爱，而后来，则是出于对传承和弘扬中华武术、中华传统文化的强烈的责任心！因为，如果没有了这些，便没有了动力；而没有了动力，执着、勤奋、善于思考、善于总结等等，一切一切都将无从谈起。懂得了这个道理，我们才会知道，我们要具有怎样的精神、怎样的态度、怎样的方法才能真正地把太极拳学好、练好。

这一点，是我首先要告诉各位朋友的，希望能够引起大家的重视。

现在，我再来说说张全亮先生在本书中所介绍的三个套路。

这三个套路，有的是在传统套路的基础上去掉了一些式子，然后再按照原来的先后顺序重新组合到了一起，每个式子的动作都原封未动；有的则是抽取现成的式子组合而成的全新的套路。所以，这些简化后的套路，仍然是传统套路，我们仍将其称为传统太极拳。

张全亮这样编，完全是为学拳者考虑。首先，它好学，几天就能学会。这就可以让学拳者能够很快地入门，并对学练太极拳产生兴趣，避免以往学了几年还不知太极为何物的情况。拳谚有"十年太极不出门"之说，大概说的就是这种情况。

另外，这几趟拳，每趟认认真真练下来都不过几分钟的时间。所以，有时间就多打两趟，没时间就少打两趟，还可以利用零散时间抓空来练。这就为那些实在难以抽出大块儿时间练拳的人解决了难题。所以，我们实在应该为这样的创编叫好。

这三套拳，一套比一套难度大。一套一套学下来，我们便会一步步入门，而后一步步登堂、一步步入室。这实在是一个非常好的设计。如果不是有几十年学拳、练拳、教拳的经验，是不可能创编出来的。这三套拳既然存在着这样的关系，所以，朋友们一定要一套一套挨着练，不能"跳级"，一定要打好基础再说。

张全亮先生是个责任心极强的人，本书的编写过程，再一次说明了这一点。比如说，某个拳式，开始时是用六段话、六张图片来说明，反复推敲之后，如果觉得读者可能还会有不清楚的地方，他就会再增加上两段话、两张图，直到认为读者不再有阅读的困难时为止。要知道，这样的地方，可不只一处啊！对于一个70多岁的老人来说，这实在是难能可贵。看张先生的稿子，我时不时会因他的这种认真而感动。他的这种认真，增加了我对他所讲道理的信任和所传授功夫的喜爱。

上面的这些，算是我的读后感吧。希望它能对朋友们阅读本书和学习吴式太极拳有些实际的帮助。

人民体育出版社资深编辑　李建章

自 序

我很早就想写一点关于吴式太极拳的书。作为吴式太极拳（北派）的第四代传人，一个习练了吴式太极拳几十年、有着众多门生弟子且年近80岁的人，我觉得自己有不可推卸的责任，同时也有一种紧迫感。这当然不仅仅是为了我的弟子们，而更是为了我终生所喜爱的吴式太极拳——作为我国优秀传统文化的一个代表性项目，我一定要把它毫无保留地传承下去！

吴式太极拳起源于北京大兴。按理，北京大兴习练吴式太极拳的人应该不少。但在40年前，北京大兴在我整个青少年时期，从未见过，也从未听说过哪里有练吴式太极拳的人。

我自幼酷爱武术，简直到了痴迷的程度。幸运的是，1985年，我遇到了著名的武术大家——精通太极、八卦等多门武术的一代宗师王培生先生，并正式拜他为师学习吴式太极拳。多年来，经恩师的悉心传授和耐心指点，同时随着自己功夫的日益精进，我对吴式太极拳也越来越痴迷，并从那时起立下了要把吴式太极拳传扬下去的宏愿。

40多年来，我一方面自己刻苦练功，一方面在大兴地区大力推广吴式太极拳。现在，吴式太极拳在大兴已经得到了极大的普及，其习练者已近万人，从而使吴式太极拳成了北京大兴区的一张独特的文化名片。

为了更好地弘扬和传承吴式太极拳和梁式八卦掌，我于2005年创办了北京大兴鸣生亮武学研究会，现在全国已发展到8个分会、48个辅导站。目前，据不完全统计，国内外学练吴式太极拳的人群已近10万之多。

2009 年、2014 年，鸣生亮武学研究会传承申报的吴式太极拳（北派），先后被批准为市级和国家级非物质文化遗产代表性项目。此后，我一直在想，为了把吴式太极拳的传承、推广再向前推进一步，使吴式太极拳的传承更系统、更规范，我必须抓紧编写和出版早就在酝酿之中的这一系列关于吴式太极拳的书，我要把我所掌握的吴式太极拳（北派）全部内容都整理出来，奉献给全社会。

吴式太极拳国家级非物质文化遗产牌证

吴式太极拳市级非物质文化遗产牌证

吴式太极拳系列图书的主要内容如下：

一、拳术套路（包括入门套路、基础套路、竞赛套路、经典套路、原始套路和实用套路共六套）

（一）入门套路（传统吴式简化太极拳10式）

此套路主要是为既没有足够空闲时间又没有学练过任何一种太极拳

的人准备的。此套路易学、易练，可使习练者快速入门，并对吴式太极拳产生兴趣。

（二）基础套路（传统吴式简化太极拳18式）

此套路是为有一定太极拳基础，但没有练过吴式太极拳的人准备的。吴式太极拳有其独特的运动特点，无论何人，开始习练时都会有一定的难度。习练者要想达到尽快掌握吴式太极拳运动规律，避免或少走弯路的目的，此套路不可不练。

此套路是从王培生先生传授的传统吴式太极拳37式套路中抽取18个式子，并按照其原来的先后顺序重新组合而成。即从起式依次练到第7式（肘底看捶），共7个式子；然后再与第28式云手的最后一个动作"左掌平按"（单鞭）相接，依次到收式，共11个动作，前后加起来共18式。这样做的目的是为了便于吴式太极拳37式这一经典套路的学习和推广普及。根据我多年教拳的经验，初学者要一下子把王培生先生的37式学完，是有很大难度的。而这18个式子，都是37式中难度较小的式子，便于初学者先易后难地学习掌握，从而为系统学练吴式太极拳37式打下基础。这18个式子练会了，习练者就基本掌握了吴式太极拳37式的运动规律，再接着学习中间的19个难度较大的式子，也就比较容易了。

（三）竞赛套路（传统吴式简化太极拳28式）

此套路是根据当今流行的太极拳比赛或表演的时间要求，在传统吴式太极拳套路中精选具有代表性的经典动作进行组合而成，是传统吴式太极拳的竞赛套路。

其特点有四：

第一，能体现出传统吴式太极拳的特点，且尽为其精华所在。

第二，能体现出传统吴式太极拳的难度和趣味性。

第三，演练时间符合现在比赛规则的要求。

第四，套路中的部分式子都是双侧练习，如"搂膝拗步""手挥琵琶""野马分鬃""玉女穿梭""金鸡独立""斜飞势""左右分脚""里外云手"等。这样编排，不仅对提高自身的协调性和左右平衡能力有很好的作用，还可以适应某些交流、演示场合的要求，在演练时临时减少一个或一些式子的一侧动作进行单侧演练，使时间能控制在要求的时间之内。

（四）经典套路（传统吴式简化太极拳 37 式）

此套路为先师王培生创编。1953 年，王培生先生于北京工业学院教授吴式太极拳时，为了使学员能在短时间内学会、打完一套完整的吴式太极拳并能掌握其精髓，同时，应大多数学员的要求，去掉了 83 式中的重复动作，将原来老 83 式（326 动）删定为 37 式（178 动）。招式的顺序也按运动量的大小做了适当安排。

1953 年至今半个世纪的实践证明，这样编排后教与学的效果都非常好。37 式太极拳已成为吴式太极拳（北派）传人的必修课，特别是王培生先生门下多以此 37 式为主要学习和传承内容。实践证明坚持下功夫学练、研究王培生先生创编的吴式太极拳 37 式，是全面掌握吴式太极拳精髓奥妙的捷径，是提高身体素质、提高推手和技击抗暴水平、开智开悟的快速有效之方法。

我经过 40 多年的苦练精研和 30 多年的教学实践，深深感到这套拳绝对是太极拳的精品，内涵博大精深，外延无限广阔，只要按规范要求认真研练，深刻体悟，不但会使你身强体壮，技艺精进，而且会使你开智开悟，使你为人处世的能力都会有很大的提高。

（五）原始套路（杨禹廷吴式太极拳 83 式、王茂斋吴式太极拳 83 式）

杨禹廷吴式太极拳 83 式是杨禹廷先生传授的传统吴式太极拳老架，王茂斋吴式太极拳 83 式是王茂斋先生传授的传统吴式太极拳老架。两个套路虽各有不同的特点，但都展示了吴式太极拳的原始风貌。

（六）实用套路（吴式太极拳八法）

此套路是我在王培生先生传授的八法的练用方法、理论、歌诀的基础上，根据自己多年的体用感悟，进行充实、完善、细化而成的。我们可将其视为吴式太极拳的实用套路。

二、器械套路（包括吴式太极刀、吴式太极剑、吴式太极枪、吴式太极粘杆等）

三、拳术理论

这一部分拟将 2007 年 1 月海关出版社出版的《行八卦运太极解玄机·张全亮内家拳新解》一书中关于太极拳方面的歌诀、精论释义进行重新整理、补充、释义；另外，还拟将多年来自己在研究拳理拳法的过程中产生并记录下来的一些歌诀、语录整理注释出版，献给广大太极拳爱好者。

四、祛病强身小功法

本人在多年追随王培生先生学艺过程中，对他传授的祛病强身小功法就非常感兴趣；以后，在长期的实践中，更深深感到王培生先生的"祛病强身小功法"是他无私奉献给社会的，武医结合、简单易行、健身防身效果绝佳的宝贵财富，是中华民族的文化遗产。

吴式太极拳博大精深，准备写出的这些，不过是其九牛一毛而已。本人水平有限且年事已高，一些事，只能留给后来人去做了。至于书中的谬误与不足之处，还望方家与广大读者不吝指教。

在本书的编写过程中，除了夫人马永兰及子女外，我还先后得到中国日报社张永忠师弟，鸣生亮武学研究会广东分会会长、我的弟子刘泉，副会长刘功烈、卫华、何承俊及弟子殷佳瑞、再传弟子李永峰等的热情帮助，在此一并向他们表示感谢！

张全亮

吴式太极拳（北派）
鸣生亮门门规师训

　　此乃我入门弟子张全亮君，于1997年9月为其入门弟子写的门规师训，余闻后甚喜甚慰，正合我教诲之意，故嘱刊于《同门录》之中，纳为我吴式太极拳新时期之门规师训，晓与门人，广传谨守。愿我吴式太极拳之门人后代，德艺双馨，德才兼备，艺业同辉，光大门户，壮大国威。

王培生
1999年2月于京师

一、忠于祖国，热爱人民

　　"国家兴亡，匹夫有责"乃中华儿女、炎黄子孙做人的根本。凡我门人后学均应以古今忠良为楷模，忠于祖国，热爱人民，视祖国为自家，视人民为父母，任何时候都不能置祖国安危、人民痛苦于不顾，否则，乃不忠之人也。

二、孝敬父母，尊敬师长

　　生我者父母，教我者老师。无父母难生于世，无师教难以成人。父母之养育、师尊之教诲，恩重于山，终生难报。凡我之门人后学均应以古今贤孝为榜样，孝敬父母，尊敬老师，否则，乃不孝之人也。

三、勤学苦练，不图虚名

"入门引路需口授，功夫无息法自修""久练自化，熟极自神""师父领进门，修行在个人"，这些至理名言应为我门人后学之座右铭。为练好武艺，应勤奋学习，刻苦修炼，寒暑不停，风雨不辍。不能浅尝辄止，一曝十寒。应坚韧不拔，努力攀登武学高峰。不能徒有虚名、无所作为。

四、博采众长，融会贯通

中华武术博大精深，各门各派均有所长。欲求精进，必须在精研、深悟本门技艺的基础上，博采众长，将兄弟门派拳理拳法之精华与本门拳艺融会贯通。同时，还要努力学习其他自然科学知识，触类旁通。努力在继承的基础上有所发现、有所创造、有所前进。只有这样，才能真正光大门户。

五、文明礼貌，诚以待人

文明、坦诚乃古之所倡，今之所求，是社会发展之标志。凡我门人后学必须文明礼貌，诚以待人，做到说文明话，办文明事，做文明人。不损人利己，不狡猾奸诈，不伤风败俗，不逞强好胜。要坦诚和善，谦恭礼让，善纳忠言，遵守社会公德，团结友爱，助人为乐。

六、遵纪守法，见义勇为

习武宗旨乃为健身抗暴、维护正义。凡我门人后学都要自觉遵纪守法，以自己良好的武德和技艺，做安定团结的楷模，同时还应弘扬正气，见义勇为，积极维护国家和人民的利益，勇于同坏人坏事做斗争。

张全亮

2016 年 10 月修订

目 录

吴式太极拳的源流与发展

太极拳作为深受广大人民群众喜爱的运动形式，其形成与发展，有悠久的历史。

太极拳在其长期的发展过程中，逐渐形成了各种不同的流派。这些不同流派的太极拳，从形式到内容，从拳法到理论，同中有异，异中有同，共同丰富和发展了太极拳的理论与方法。今天，研究太极拳各个流派发展变化的成因及其代表人物，对于我们学习太极拳，继承和弘扬太极拳文化，有着极其重要的意义。

太极拳的起源

关于太极拳的起源，真可谓众说纷纭，莫衷一是。简单说来，大致有唐朝许宣平说、明朝张三丰说、清朝陈王廷和王宗岳说等几种不同的说法。

目前可以明确的是，传世的太极拳是由河南温县陈家沟陈氏第十四世陈长兴传给河北永年人杨露禅的，这之后社会上才出现了杨式、吴式、武式、孙式等太极拳流派。现在社会上流传的各式太极拳，除陈式太极拳之外，都是从杨露禅所传的拳术套路演化而来。吴式太极拳也是如此。

据史料记载，杨露禅曾三至陈家沟师从陈长兴苦习太极拳十余年，尽得其秘术。杨学成后回乡，无人匹敌。后杨又把太极拳在家乡传授。当时人们称杨拳为"化拳"，亦称"绵拳"（取其动作绵软而又能化解对方来力之意）。大约在 1840 年后，杨露禅被同乡武氏推荐到北京王府教拳。当时京城武术名家荟萃，但无论哪路豪杰，凡与杨交手者，无人能胜。于是，杨露禅"神拳杨无敌"之称号，轰动京城。

当时，杨露禅除教王公贵族外，还在禁卫军的神机（火器）营执教。神机营中追随杨习拳者甚多，而以万春、凌山、全佑为最佳。三人经数年勤学苦练，各得一体：万春得刚劲，凌山善发人，全佑则长于柔化。三人中万春、凌山无传人，只有全佑将所学技艺传播于世。

吴式太极拳的奠基与定型

太极拳有陈式、杨式、吴式、武式、孙式等多种流派。其中，吴式太极拳的奠基人为全佑。

全佑（1834—1902 年），满族正白旗人，生于当时的北京大兴。本姓吴福氏，后随汉姓改为"吴"。全佑字保亭，人称全三爷。他学拳认真刻苦，对老师最孝。露禅感其诚，遂倾囊相授，故全佑得艺最佳。全佑虽与王公、贝勒同学，但因封建等级制度之影响，后奉露禅公之命与万春、凌山一起转拜其次子杨班侯为师学习杨式小架。故全佑所学，兼得杨氏父子二人之长。

全佑经多年精心演练，吸收大、小架之精华，逐步形成了自己的风格。人称他的拳为中架式太极拳。这可以说是吴式太极拳的雏形，为吴式太极拳流派的最后形成，奠定了基础。但当时全佑所传之太极拳基本为杨式祖架，还没有形成后来吴式太极拳的特点。

根据《太极功同门录》所记，全佑传人有王有林（茂斋）、爱珅（全佑子吴鉴泉）、郭芬（松亭）、常安（远亭）、齐治平（阁臣）和英杰等。

吴式太极拳的定型是在1902年全佑祖师逝世之后。为光大师门，全佑长徒王茂斋和师弟吴鉴泉、郭松亭等一起，在他的"同盛福"建材库房，同心合力，苦练精研拳理拳法，并肩奋斗十余年，在全佑所传拳架的基础上，逐步加以提炼、充实，去掉了原拳式中的大开大合、低裆下势、发声发力、缠绕纵跳等动作，并博采众长，有机地吸收了其他优秀的太极拳技法，逐步形成了一种具有新鲜特点的太极拳。这种太极拳，强调中正安舒，纯以意行，紧凑舒伸，轻柔缓慢，松静自然，圆活灵巧，缠绵多姿，不纵不跳，内外兼修，体用兼备，融点（穴）、打（击）、拿（反关节）、发（掷）、摔（跌）、卸（骨）于一体，含而不露。经过他们的广泛传播，这种太极拳名声越来越大，练拳者的队伍也不断扩大。这种太极拳，那时候还不叫吴式太极拳，据1929年王茂斋编辑出版的《太极功同门录》记载，叫"太极功"。

吴式太极拳得名于1959年徐致一出版的一本书，名字叫《太极拳（吴鉴泉式）》。1989年6月，中国武术研究院审定的《四式太极拳竞赛套路》（分杨、陈、吴、孙）出版后，才有了由国家行政主管部门确定的各式太极拳的名称。

吴式太极拳创始人满族人全佑是晚清时期的大兴人。

大兴区位于北京市南郊，历史悠久，自先秦建县以来约有2400余年历史。明清两代，大兴为依郭京县，与宛平分治北京城东西界达700年之久，因此被称为"天下首邑"。吴式太极拳的奠基、定型、发展都是在北京大兴完成，北京大兴是吴式太极拳的发源地。

南吴北王

在吴式太极拳发展史上有南吴、北王之说。

南吴、北王是指南方（派）吴式太极拳的代表人物吴鉴泉和北方（派）吴式太极拳的代表人物王茂斋。

吴鉴泉（1870—1942年），全佑之子，名爱珅。1928年，鉴泉先生应邀迁居上海传拳，第一个把吴式太极拳传播到长江以南。吴鉴泉门徒众多，为南派吴式太极拳之掌门人。1942年，鉴泉先生逝世以后，女儿吴英华、女婿马岳梁掌门继续在南方发展。

王茂斋（1862—1940年），名有林，山东掖县（今莱州市）人。王少时在北京学徒，忠诚好义，练功刻苦，勤思善悟，被全佑收为弟子，得全佑之真传，为全佑之大弟子。1928年，吴鉴泉南下以后，他留在北平一边经商一边教拳，受业者众多，成为北方吴式太极拳之掌门人。1940年，王茂斋先生逝世以后，由其得意弟子杨禹廷先生掌门，继续在北方发展。

1928年，吴鉴泉、王茂斋分开以后，双方在长期的教拳实践中，通过不断对拳理拳法的研究、体悟，同时受地域文化的影响，所练之拳便有了不同的风格和特点，于是便形成了吴式太极拳史上的"南吴、北王"两大派系。

南吴、北王两大派系的区别不完全是动作上的差别，在内意、气势、理念等方面因地域文化的影响也有所不同。北派受皇家文化的影响，端庄、厚重、气派、大方；南派则受江浙文化的影响，清秀、优美、灵活、巧妙。当然这也与练拳者自身的文化修养、性格特点、遗传基因等方面的因素有关。简言之，南北两派受内外因素的影响，虽然师出同门，但却各有千秋。

吴式太极拳（北派）的四个里程碑

王茂斋与"北平太庙太极拳研究会"

1928 年，吴鉴泉先生南下以后，王茂斋先生就担起了吴式太极拳在北方发展的重任。他曾先后于中法大学、民众教育馆、智化寺等处教拳。20 世纪 30 年代初，为了加快吴式太极拳的发展，北京太极拳界有影响的人物出面，向当时南京中央国术馆提出申请并获批准，在故宫博物院分馆（今劳动人民文化宫）成立了"北平太庙太极拳研究会"。研究会聘请王茂斋先生任主教，其得意弟子杨禹廷任助教。

王茂斋

"北平太庙太极拳研究会"是当时太极拳爱好者集中学习、活动的群众组织，而太庙则是他们教拳练拳的主要场所，亦是太极拳高手云集，各界名宿、商贾及各行各业职员百姓太极拳爱好者交流、习练、交际、消遣之处。王茂斋在此培育了众多的武林高手，如弟子彭仁轩、赵铁庵、杨禹廷、修丕勋、曹幼甫、李子固、王子英（子）、刘光斗、王历生等数十人。20世纪30年代后期到40年代中期是活动的高潮时期。据说会员有300余人，每天从早晨至中午到这里学练吴式太极拳和太极推手的人络绎不绝。后他又将其拳术推广到山东、黑龙江等地，极大地推动了吴式太极拳在北方的发展。

吴式太极拳定型后在北方的巩固发展，当属王茂斋先生最为劳苦功高。他以"北平太庙太极拳研究会"为基地，以极大的魄力，倾心而卓有成效地传播吴式太极拳，是推动吴式太极拳在北方巩固发展的第一个里程碑式的代表人物。

杨禹廷与《太极拳讲义》

1940年，王茂斋先生去世以后，传播、弘扬吴式太极拳的重任，落到了杨禹廷先生的肩上。

杨禹廷名瑞霖，1887年生，祖籍北京。杨自幼习武，先后师从多位武术名家，学练过弹腿、八卦掌、长拳、黑虎拳、形意拳等。青年时即享誉京城，民国前后带艺投拜在王茂斋门下，专攻吴式太极拳，并一生以研究传播吴式太极拳为业。1940年王茂斋逝世后，

杨禹廷拳照

杨接掌"北平太庙太极拳研究会"。中华人民共和国成立后，太庙改为"劳动人民文化宫"。1951年，研究会由太庙搬出。此后，他又将拳场设

立在中山公园"来今雨轩"后面的投壶亭（俗称十字亭）。那时，这里每天上午前来练拳的各界人士仍有一二百人，风雨无阻，是当时北京最大、人数最多的拳场。1966 年停办，1968 年又经众多学员请求，在天安门内的"阙东门"北侧皇城拐角处恢复，每天有四五十人来学拳。这个拳场坚持到 1976 年 7 月唐山地震。此后，90 多岁的杨禹廷先生虽然不出来教拳，但仍经常在家中给学生说推手、讲拳理，直到逝世的前一天。

杨禹廷先生虽然武艺超群，理论精深，但却谦虚礼让，在武术界威望极高，口碑极好。他享年 96 岁，武坛耕耘 70 余年，创造了太极拳师教龄最长的纪录。新中国成立后，他倡议成立了北京市武术界联谊会。生前，他曾任中国武术协会委员、北京市武协副主席、北京市东城区政协委员。

杨禹廷先生一生贫穷而志不移，勤勉好学，苦练精研，奋力攀登。他善于悉心体悟、洞悉精髓，积数十年之经验，尽毕生之心血，为弘扬太极拳文化，历尽了千辛万苦，融会贯通，阐明至理，在前辈的基础上陟圣造巅，终于形成了风格独特、理明技彰，具有杨禹廷特点的吴式太极拳。

为改变过去多靠口传心授，学生依样模仿的教拳方法，解决"拳式技法、锻炼要领，均无文字记载，不仅学生深感不便，甚至套路失传、经验中断"的问题，他于 20 世纪 20 年代初编写了《太极拳讲义》。这套讲义，提出了练拳的步骤和便于初学者学习的奇偶分动教学法。初稿得到了王茂斋先生的肯定和学生的欢迎。其后，为了使学生较准确地掌握动作要领，并能做到既会其方法，又能懂其原理，曾数次修改和充实初稿，增加了以圆周角度划分的八方线，明确了方位、步法和身法，在动作解说中加强了眼神和意念的活动。杨禹廷首次把数学概念融入太极拳的教学中，把太极拳推向了更加科学、合理、规范的轨道。1961 年，《太极拳讲义》定稿后更名为《太极拳动作解说》，在国内外广为流传。《太极拳动作解说》对吴式太极拳运动的发展影响至深，推动巨大。杨禹廷先生是北方（派）吴式太极拳的定型者、开拓者，是北方（派）吴式太极拳发展史上第二个里程碑式的代表人物。

王培生与吴式简化太极拳

王培生，原名力泉，号印诚，1919 年生，河北武清人。9 岁开始习武，先后师从武坛多位名师学练过翻腾术、八卦掌、弹腿、查拳、形意拳、八极拳、通臂拳等。13 岁拜杨禹廷先生为师学练吴式太极拳，并得到师爷王茂斋的亲传密授。在两代大师的指导下，苦练 8 年艺业大成，尤其在太极拳推手和技击实战方面造诣颇深。

王培生先生常年在北平太庙太极拳研究会协助杨禹

王培生（左）推手照

廷先生教授太极拳和太极推手，1937 年，独立接任杨禹廷先生转交的北平第三民众教育馆武术教学工作，1947 年，任汇通武术社副社长。1953 年，在全国首届"民族形式体育运动会"上任裁判长。1954 年，任群众武术社社长，后任北京市吴式太极拳研究会副会长、会长。1957 年，在第一届全运会上担任武术比赛仲裁委员，并参加了国家太极拳推手及武术散手比赛规则的编写。1982 年，被选为全国武术工作代表，参加了第一次全国武术工作会议，并长期在北京工业学院、北京师范大学等十余所大专院校及中国科学院、人民日报社、国家教委等机关任太极拳教师。入门弟子有一百多人，且名人辈出，学生不计其数。

王培生先生对武术事业的贡献是杰出的。1953 年，他在北京工业学院教授吴式太极拳时，为了易于普及，使广大爱好者能在短时间内学会吴式太极拳的套路，他在原来老 83 式的基础上，去掉重复动作，并根据人体运动规律，将运动量按小、大、小的顺序重新编排，精简创编为 37 式"吴式简化太极拳"，并先后在北京和丹东地区推广普及，深受广大群众欢迎。1981 年，《吴式简化太极拳》正式出版后很快在全国各地广为传播，并先后印刷多次，每次都被抢购一空。后来，该书还被以多种外国文字翻译并远播国外，影响甚大。他和曾维祺合作出版的英文版《吴式太极拳》一书，曾被美国宇航局列为宇航员的训练教材之一。据 2001 年 3 月 28 日《中国体育报》报道，在美国休斯敦宇航中心，在飞船发射前，宇航员要先练一套吴式简化太极拳 37 式，然后才进入驾驶舱。美国科学家认为，太极拳是疏解宇航员起飞前心里紧张的最好方法。

王培生先生创太极拳简化之先河，对吴式太极拳的发展提高起到了巨大的推动作用。此外，他还把自己数十年积累、体悟出来的武术、气功健身治病的方法，总结提炼创编了《乾坤戊己功》和百余种祛病健身小功法。他提出太极拳是"实用意念拳"的定义，创造性地提出了练太极拳要"以心行意，按窍（穴位）运身"，要"神意不同处"，要注重运用"身外之六球"等重要理论，为太极拳的普及和提高做出了重大贡献。他的拳术风格自成一体，他的推手技艺体现出五大特点：一是招法神妙莫测，二是意念隐而不露，三是速度触之如电，四是感觉险象环生，五是拳理博大精深。

王培生老师在太极推手和技击方面业绩显著，他多次扬太极拳之威，为太极拳正名，长中华民族的志气。20 世纪 30 年代末，他曾以太极拳的纯功绝技，在大街上击败了四名荷枪实弹的日本兵，长了中国人的志气。在数十年的武术生涯中，他不畏强手，敢于和国内外各门派武林朋友切磋技艺，从不推托，不搪塞，不保虚名，也从未输过手，为国内外武林同道所公认和赞赏。特别是 1981 年 5 月，在沈阳的一次中日武术交流会上，王培生先生挺身而出，迎接日本武术代表团的挑战，他以太极拳的奇招妙法，使日本少林拳法联盟访华代表团教务长、日本一流武术家山琦博通连跌数跤。

他用自己的战绩，充分说明太极拳的真髓在中国，粉碎了日本某些武术家"太极拳只能健身，没有技击作用""少林寺在中国，少林拳在日本""十年之后让中国人向日本人习太极拳"的无知与狂妄，为太极拳的技击作用正了名。《人民日报》为此发表了《太极神功技压东瀛》的文章，《武林》杂志等多家报刊也先后进行了报道。日本《阿罗汉》杂志也为此做了专题报道，刊登了王培生老师的精彩照片，尊他为"东方武林奇人""中国十大武术家之一"。日本少林拳法联盟访华代表团团长竹森好美当时激动地说："我们这次访华收获最大，通过王先生现身说法真正认识到了太极拳技击的功夫，希望王先生能到日本讲学。"

喜讯传出，听者无不欢欣鼓舞，全国很多地方争相邀请王培生老师去讲学传拳，南到广西的南宁，北到黑龙江的大庆，一时掀起了学习王培生吴式太极拳 37 式的热潮。过去很多地方没有见过吴式太极拳，经过王培生老师和弟子们的传播，都纷纷建立了吴式太极拳辅导站，如广西南宁，湖北青州，河南焦作，河北保定、承德、唐山，山东莱州，山西阳泉，甘肃甘南，陕西西安，江苏南京，广东深圳，辽宁鞍山、公主岭、丹东、本溪、朝阳，黑龙江大庆等，当地很多人都成了王培生老师的入室弟子。

在北京，王培生先生积极传授吴式太极拳，广收弟子，先后在人民日报社、中国日报社、国家教委、北京图书馆、北京师范大学、北京舞蹈学院、首都师范大学、北京地质学院等办班教学，使吴式人极拳得到了广泛传播。

王培生先生一生坎坷，但一身正气，刚直不阿。他爱国爱民，一生忠于武术事业。他数十年如一日，执着地研究中国武术的精髓，全面继承，勇于实践，敢于创新，善于总结，硕果累累，但却淡泊名利。我们说他是北派吴式太极拳发展史上第三个里程碑的代表人物，不仅是因为他在武术界地位显著、著述丰富，更主要的则是因为以下的两个方面的原因：一是他敢于大胆创新，为吴式太极拳的发展做出了突出贡献；二是因为他以自己的实战业绩为太极拳正了名，证明太极拳不是摸鱼睡觉的拳术，不是只能健身不能技击的拳术，而是一种用意不用力，既能祛病强身、开智开悟又能防身抗暴的神妙、科学的拳术。他用自己的高深技艺，体现了太极拳的精髓，展现了太极拳的真面目。

李秉慈与吴式太极拳国家竞赛套路

1988年，国家为了进一步推动太极拳运动，组织专家编写推广各式太极拳竞赛套路。杨禹廷先生的入室弟子、吴式太极拳名家李秉慈先生参加了吴式太极拳竞赛套路的编写并负责动作的整体规范与演练。为了尽量体现传统吴式太极拳真实面目，他参考了10余种吴式太极拳前辈的著作，以北派吴式太极拳的规范、特点为主，

李秉慈

吸收了南派吴式太极拳的一些典型动作练法，在传统83式老架的基础上精简创编，形成了45式吴式太极拳国家竞赛套路。45式竞赛套路的问世，把吴式太极拳推向了国家正式武术比赛的平台，使吴式太极拳的发展与时俱进，出现了前所未有的新局面。

我与吴式太极拳

我从小酷爱武术，从1953年开始先后练过摔跤、弹腿、查滑拳、少林气功、形意拳、杨式太极拳、太极五形锤、八极拳、劈挂掌、通背拳、道家养生气功等。20世纪70年代初，先后师从八卦掌名家李子鸣先生学练梁式八卦掌、太极拳名家王培生先生学练吴式太极拳。

1985年正式入门，成为王培生先生的入室弟子后，每周两个晚上骑自行车到30公里外的北京市西城区少年宫听老师讲课。那时我在北京大兴建筑工程总公司任党委书记，每次去上课都是下班后到食堂买两个馒头一块咸菜放到办公室里，下课回来再吃。老师每次讲课多是晚八点到十点，老师走后师兄弟们还要在一起切磋个把小时，我再骑车回到单位就已经是凌晨一点了，为了巩固所学第二天早晨还要早起进行复习。就这样风雨无阻、寒暑不停，一直坚持了四年多的时间，系统地学习了吴式太极拳的拳术、器械、内功、推手、散手、多种小功法等。到2004年王培生老师逝世前，20多年我一直从未间断地追随王老师学习研究吴式太极拳的拳理拳法。

吴式太极拳发源于大兴，但新中国成立初期，北京大兴地区却看不到习练吴式太极拳的人的身影。我经过近40年对吴式太极拳系统的学习、研究和努力传播，如今，吴式太极拳已在大兴地区生根、开花、结果。现大兴地区学练吴式太极拳者已近万人，太极拳已成为大兴地区的一张独特的文化名片。

工作的时候，我即利用业余时间写作、授徒并向社会传播以中华武术为载体的中国优秀传统文化，退休以后，则更是把几乎全部精力用在了武术事业上。

2001年我退休后，应邀在大兴区老干部大学陆续开设了三个太极拳班（初级、中级、高级），平均每个教学班有40余人，每周坚持上5个半天课，至今已坚持16年，毕业生有2000余人。

2005年，我创立了具有社团法人资格的"北京鸣生亮武学研究会"（AAAA级中国社会团体组织）。其中的"鸣"字，代表我的梁式八卦掌恩师李子鸣先生；"生"字代表我的吴式太极拳恩师王培生先生；"亮"字代表我。成立该研究会的目的，旨在光大两位大师崇高的武德人品、精湛的拳术技艺、高深的拳术理论，以弘扬传统武术文化，培养传统武术人才，服务全民健身事业，构建和谐社会为己任。

张全亮在中央电视台《武林大会》上做裁判长

北京鸣生亮武学研究会初级、中级、高级培训证书

研究会现在全国及海外设有 48 个辅导站、8 个分会。各下属组织经常坚持练拳的约有 5 万人；有能持证上岗的社会体育指导员 800 余人。研究会全国各地下属单位在参加县、区、市、全国、国际的各种武术比赛中共获金牌 2000 余枚，银牌 5000 余枚。

我所传承和申报的吴式太极拳（北派），已于 2009 年被评为北京市市级非物质文化遗产代表性项目；2014 年又克服重重困难和阻力，成功申报批准为国家级非物质文化遗产代表性项目。2017 年初，吴式太极拳又和陈式、杨式、和式、武式、王其和式、李式太极拳一起，被文化部列入中国太极拳联合申报世界人类非物质文化遗产的行列。

吴式太极拳概要

吴式太极拳（北派）的内容和特点

拳术与器械

吴式太极拳（北派）历代传承人在继承前人的同时，常有创新，使内容不断丰富。

目前吴式太极拳（北派）传承的主要拳术套路有：茂斋老架 83 式；杨禹廷 83 式；王培生 37 式、16 式、乾坤戊己功、祛病健身小功法等；还有我创编的 10 式、18 式、28 式、八卦太极拳等。

传承的主要器械套路有：太极刀、太极剑、太极枪、太极粘杆等。

传承的主要推手练法有：单人平圆打轮，单人立圆打轮；双人单手平圆打轮，双人单手立圆打轮；单人双手四正打轮，单人双手四隅打轮；双人双手四正推柔，双人双手四隅推柔；大捋；烂采花；太极散手等。

吴式太极拳（北派）十分强调太极拳是哲理性拳术、头脑功夫，是实用意念拳，上述所有的拳、械套路、推手都要求用意不用力，只求"粘连黏随，引进落空"，认为一举手、一投足稍一用力就落入旁门。习者不可不详，不可不循。

运动特点

1993 年出版的《中国太极拳剑竞赛规则》第 17 条，对吴式太极拳的风格特点规定为：

<blockquote>
轻静柔化，紧凑舒伸，

川字步型，斜中寓正。
</blockquote>

我通过 30 多年的实践体悟，将吴式太极拳（北派）的运动特点概括为如下 16 句歌诀：

<blockquote>
端庄平稳，气度开阔。

单腿负重，川轨步型。

虚实分清，六球相佐。

立圆为主，紧凑舒伸。

轻静柔化，伺机而动。

按窍运身，如水涸沙。

行云流水，纯以意行。

诗情画意，三才相通。
</blockquote>

吴式太极拳的健身与技击原理

健身原理

吴式太极拳素有长寿拳之美誉，习练吴式太极拳的老前辈长寿者居多，其原因我总结概括为如下 12 句歌诀。

<blockquote>
松静除张，缓慢增力，

细腻化瘀，想穴除疾，
</blockquote>

柔化抗衰，观妙开智，

中正安舒，单重轻灵，

体脑并练，益寿延年，

阴阳合德，与天同运。

技击原理

吴式太极拳具有极佳的养生效果，这在太极拳界乃至武术界没有异议，但其招式的技击作用和效果却鲜为人知。我通过多年跟随王培生先生学拳，认真观察先生推手和技击的神功绝技，对此却深有感受，并将其技击特点概括为"速、隐、神、险、博"五个字，从这五个方面对王培生先生的吴式太极拳技击风格做了精炼概括。后来，我又结合自己多年的教学实践，对吴式太极拳的技击特点、原理和效果进行了认真的观察、体悟、印证和总结，并在此基础上将吴式太极拳（北派）的技击原理概括为如下 6 句歌诀：

上如行云随风变，下如流水顺势走。

彼刚我柔如翻版，处处旋涡处处轴。

引进落空合即出，粘连黏随不丢顶。

吴式太极拳六原则

吴式太极拳（北派），特别是王培生先生传授的吴式太极拳，特别强调"以心行意，按窍运身"，每个动作都要求以穴位引导，不但对祛病健身有极好的作用，而且隐蔽性极强，久练纯熟，能运用自如之后，确实能达到"拳论"所说的"人不知我，我独知人，英雄所向无敌"的境界。但这要有一个将穴位知识与太极拳动作有机结合的一个过程，跨越这个过程需要时日，也需要一个苦学苦练的过程。我通过 30 余年的实践，体悟出了六个不变的原则，实践证明只要招招式式按这六个原则去用心锻造、雕琢、打磨，就能够一步步攀登上太极拳的高峰，领略到吴式太极拳无限美好的风光。

吴式太极拳六个不变的原则是：

> 三融四坠腹内松，公转自转气腾然。
>
> 单腿负重川轨步，按窍运身水泅沙。
>
> 内导外随神领形，以腰使手走螺旋。

吴式太极拳的文化价值

2008 年，在筹备申报吴式太极拳北京市市级非物质文化遗产之前，我曾把吴式太极拳的文化价值概括为这样几句话："极高的养生价值，极强的抗暴功效，极好的开智效果，无穷的艺术趣味，广泛的群众基础"。后来在申报国家级非遗时，我又觉得不够全面，所以又做出了如下概括：

> 独特的拳术理论，优美的拳式姿态。
>
> 迷人的文化内涵，极高的养生价值。
>
> 巧妙的抗暴功效，神奇的开智效果。
>
> 无穷的艺术趣味，广泛的群众基础。

我们每一个炎黄子孙都应该为祖国的传统武术、传统太极拳的挖掘、整理、传承、弘扬献计、献策、献力。中国传统的太极拳、太极文化，中国传统武术、传统文化是中华民族的全圣先贤在长期同自然灾害、同野兽、同强敌争生存、谋发展的浴血奋斗争中，用生命和鲜血换来的，浸透着民族精神和民族智慧，是极其珍贵的民族财富，源于中国，属于世界，要倍加珍惜。

吴式太极拳是太极拳诸多流派中的一枝奇葩，它以易理为拳理，以阴阳变化为灵魂，其拳理拳法富含哲学、力学、心理学、生理学、医学、中医经络学、美学及某些边缘科学。随着时代的发展，吴式太极拳越来越显现其宝贵的文化价值和社会价值。加强对吴式太极拳的保护，加强对中国传统武术文化的保护，对解决现代社会普遍存在的浮躁现象和亚健康状态，对构建和谐社会有着十分重要的作用。

传统吴式简化太极拳10式

吴式太极拳的基本动作

基本常识讲解

吴式太极拳和其他太极拳有很多相似之处，但也有其独特的风格特点。下面，我们从身型、身法，步型、步法，拳型、拳法，掌型、掌法这四个方面来介绍。

身型、身法

身型分两种，一种是自然站立时的身型，一种是动作变化结束时的定势身型。前者如"预备式"，要求端庄平稳，气度开阔，周身骨节断开，肌肉放松，要做到"三融、四坠、腹内松"。三融，即头融天，脚融地，胸融空；四坠，即肩往腰上坠，腰往胯上坠，胯往膝上坠，膝往脚上坠；腹内松，即腹心松静（基础图1）。后者如"左脚横移"等，其外形要求是单腿负重，中正安舒，呈"川轨步型"；其意念要求是"按窍运身"，向上要"如气蒸腾"，向下要"如水涸沙"（基础图2）。

身法则要求所有的动作都要贯穿先想后做，先看后行；骨断筋随，神充气催；眼看手追，神领形随，公转自转同时进行等原则。在练习本书的10式、18式、28式套路时，在预备式动作中就要遵守以下口诀体会身心感受：

端庄平稳，气度开阔。骨断筋随，三融四坠。

如沐春风，神充气催。下颌微收，舌尖上顶。

眼向前看，耳向后听。排除杂念，着意丹田。

身感摇晃，开始练拳。

基础图1　自然站立

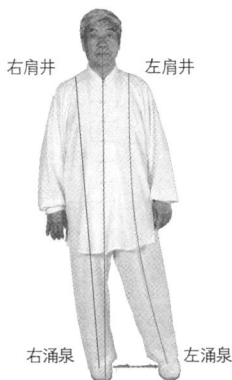

右肩井　　左肩井

右涌泉　　左涌泉

基础图2　川轨步型

步型、步法

吴式太极拳的"步型"通常被称为"川字"步型。但什么叫"川字"步型呢？分析一下就清楚了。比如把我们身体的左侧，从肩井到涌泉这条线看做是"川"字左边的一竖；从百会到会阴这条线看做是"川"字中间的一竖；把右侧从肩井到涌泉的这条线看做是"川"字右边的一竖。定势一看，其外形不就像一个"川字"吗！故称之为"川字"步型。（基础图3）

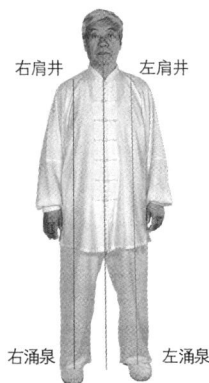

右肩井　　左肩井

右涌泉　　左涌泉

基础图3　川字步型

但是我们在练拳时，如果每个动作都要求呈现这种步型状态，那不就是双重了吗？那就完全不符合吴式太极拳"单腿负重"的最基本的要求。我通过长期观察研究发现，"川字"步型作为吴式太极拳的法定步型是不确切的，应该以定势时的步型为准。定势时的步型是将"川字"中间的一竖和旁边的一竖重叠起来，但重叠起来以后步型就不像"川字"了，而像一个"轨道"型。所以我迷茫了很久，最后决定把吴式太极拳的法定步型，改称为"轨道"步型。我曾在很长一段时间的讲课中，把吴式太极拳的步型都称之为"轨道"步型，认为这样就比较确切了。（基础图2、图4）

但近两年我又通过反复认真的实践体悟，并多方征求意见，认为"川字"步型和"轨道"步型，这两种定义都不十分确切，应该把这两种称谓有机地结合在一起，即把吴式太极拳的法定步型，定位为"川轨"步型。这样就比较确切了。也就是说在每个动作的运动变化过程中，必然会出现的瞬间的投影状态是"川字"步型；一旦这个过程结束，动作定型时，必然呈现出的是"轨道"步型。所以在此我明确地将吴式太极拳的法定步型，改定为"川轨"步型。

"轨道"步型的步法又分为两种，一种是正步，一种是隅步。

正步：两脚一前一后平行站立，两脚尖平行向前，形如轨道。后脚尖在八方线的中心交叉点上，前脚跟在45°的隅角线上，两脚内侧左右距离和前脚至后脚尖的前后距离，都恰为一竖脚长，前进、后退都要求这样。此为正方形的步法，所以称之为正步。（基础图4）

隅步：左右两脚一前一后如同正步要求平行站立，形如轨道。后脚尖在八方线的中心交叉点上，前脚尖在45°的隅角线上，两脚内侧左右距离为一脚半长；前脚跟至后脚尖的前后距离为半脚长。前进、后退都要求这样。此为长方形的步型，所以称之为隅步。（基础图5）

吴式太极拳需要强调的基本步型，就是这两种步型，其他的如仆步、虚步、坐步、歇步等步型和其他太极拳一样，在这里就不重复了。

另外，各式太极拳，在运动当中的步法也基本都一样。即往前迈进的时候，后脚必须经过支撑腿的内侧，弧线前迈，不能直线前进；往后撤步的时候，前脚也必须经过支撑腿的内侧，弧线后撤，不能直线后撤。这样运动，一是可以提高步法的稳定性和灵活性；二是技击时，可以有效避开对方进步时对我足跟的套锁，使其落空，实现化打合一；三是我向其两腿间进步时，可以避开对方前脚之阻碍，使对方失势后仰，失去重心；四是便于同时进行膝打。（基础图6、图7）

两脚平行

基础图4　正步两脚尖都朝前，
外形呈轨道型

45°

基础图5　隅步两脚尖都朝前，
外形呈轨道型

弧线前迈

基础图6　弧线前迈步型

弧线后撤

基础图7　弧线后撤步型

拳型、拳法

在太极拳里，拳又被称为捶，如指裆捶、搬拦捶、撇身捶等等。其

拳型要求是五指蜷曲松握，拇指轻贴于食指和中指第二关节。（基础图8）

基础图8 拳型

至于拳法，各式太极拳基本相同，应根据不同动作的要求灵活使用。

掌型、掌法

各式太极拳掌型，均为五指自然舒展，不可太紧，也不可太松散。

太极拳在运动过程中出现的各种掌法，也都大同小异，无非是俯掌、仰掌、立掌、横掌、反掌等等。吴式太极拳没有特别于其他太极拳的不同掌法。

10 式名目

预备式（1动）

第1式　起式（5动）

　　左足横移

　　两足平立

　　两腕前掤

　　两掌下采

　　蹲身下按

第2式　左搂膝拗步（4动）

　　左掌前掤

　　右提左按

　　左转左按

右掌前按

第3式　手挥琵琶（4动）

　　右掌回捋

　　左掌前掤

　　左掌平按

　　左掌上掤

第4式　左野马分鬃（3动）

　　左掌下采

　　左足前迈

　　左肩左靠

第5式　左右金鸡独立（14动）

左独立式

右掌回捋

左弓回看

右掌前指

右掌上掤

左掌前指

左掌下指

右提远眺

右独立式

左屈右落

右弓回看

左掌前指

左掌上掤

右掌前指

右掌下指

左提远眺

第6式　倒撵猴（8动）

独立反按

左撤左按

右提左按

左展右收

左弓右按

左提右按

右展左收

左撤左按

第7式　斜飞势（4动）

左掌斜掤

左掌下捋

左足前迈

左肩左靠

第8式　提手上式（5动）

半面右转

左捋右掤

左掌打挤

右掌变勾

右勾变掌

第9式　白鹤亮翅（4动）

俯身按掌

向左扭转

左掌上掤

两肘下垂

第10式　收式（4动）

三指环接

环指平移

三环套月

太极还原

动作图解

10 式讲解

本套路为传统吴式太极拳动作最少的套路，共为 10 式。此套路主要是为既没有宽松的时间又没有任何一种太极拳（陈、杨、武、吴、孙等各式太极拳）基础的人提供的。此套路易学、易练，可使习练者快速入门，并对吴式太极拳产生兴趣。

这一套路虽属创编，但其所有"零件"均来自吴式太极拳，并未有些许改动，甚至其先后顺序也没有变化，所以它仍然属于传统的吴式太极拳。这样的做法，并非始于本人，很多太极拳先师，实际上都是这么做的。

本套路虽然简单易学，但"麻雀虽小，五脏俱全"，笔者本着对传承传统吴式太极拳的高度使命感，尽量以通俗的语言，结合先师的传授和自己数十年的练功心得，对每一式动作之规范、定势时的感觉、健身的功效，以及其技击意义、相关穴位等，都毫无保留地加以介绍，以使读者尽快学会这个套路，并为进一步学习吴式太极拳打好基础。学者只要用心把这 10 个式子学好了，就等于推开了传统吴式太极拳和太极文化的大门，就可以看到其无限迷人的风光，感受到传统太极拳和太极文化的魅力。

至于学练的方法，我建议初学者应先着重磨练"动作"这一部分内容；待动作熟练规范之后，再细心体会身心"感觉"这一部分的介绍。至于"命名释义""健身功效""技击意义""相关穴位"等这几部分内容，只要先了解一下即可。以后，随着练拳过程的深入，这几部分内容自然会对你产生强大的吸引力，你不想研究它都不可能。它会很自然地成为你的向导，把你一步步带入充满神奇奥妙、令你流连忘返的太极境界。所以古人的"穷毕生之精力，难尽其奥妙"之慨叹，绝非虚言妄语。望习者坚毅前行，日益精进。

这里还要说明的是，练功时身心的感受、健身的功效、技击的意义等内容，在这一套拳里介绍最为详细，而后面的 18 式，28 式则言之较少，且未单列题目。之所以如此，是因为这一套是入门套路，是基础的基础。如果大家把这一套学好了，真正入了门，以后照着这一套的路子去学、去练、去悟，不仅不用担心会有问题，而且效果会很好。

预备式 （1 动）

命名释义

运动开始之前，必须按拳理拳法要求，由内到外做好准备工作，进入规范的太极拳佳境，方可练拳。

动作说明

面向前方，自然站立（两足之间不超过 10 厘米），两掌自然下垂，目视前方。全身放松，做到端庄平稳、气度开阔。舌抵上腭，喉头找大椎穴；同时想象周身骨节断开，肌肉放松，骨骼、肌肉、皮肤之间都像打了气一样相互间拉开距离，周身毛发在想象中也似乎都竖了起来，有头融天、脚融地、胸融空、神充天地、势满寰宇、天人合一之感；随即将意念收回丹田。（10 式图 1）

10 式图 1

身心感觉

先有神充天地、势满寰宇之感；着意丹田后，会有腹心松静、神清气爽、气血荡漾之感，又有好像站立在停泊于水中的船上时轻微摇晃之感。这说明已进入可以练拳的太极状态。

健身功效

活血化瘀，安神益智，润燥除胀。

技击意义

久锻炼此式，便能做到体松、神宁、气壮、应对从容。

相关穴位

● 大椎

位置：项后正中线，当第七颈椎棘突下凹陷中。

所属经脉：为督脉与手太阳小肠经、手阳明大肠经、手少阳三焦经四经交会之处。

功能：乃"阳中之阳"，为"调益阳气之总纲"。

防治：咳嗽、气喘、盗汗、头疼、背痛、肩痛、腰痛、项强、脊强、风疹等。

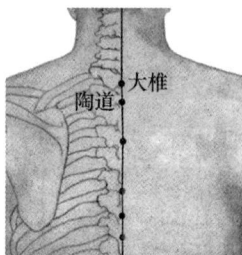

大椎

● 丹田

武术家、养生家均提倡练功时要着意的"丹田"，通指下丹田。下丹田为炼精化气、神气生起及归藏之处。由于保密，其位置、名称历代说法不一。但一般多指"气海"或"关元"这两个穴位。我的传承是以意守关元穴为主。

● 气海

位置：下腹部前正中线脐下1.5寸处（这里的"寸"，是指"同身寸"，即将本人体表的某些部位折合成尺寸，并以此作为取穴时量取长度的单位。一般以中指第一二指节内侧横纹的宽度为1寸，叫"中指同身寸"）。

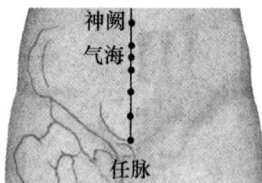

气海

所属经脉：属任脉，为腹部纳气之根，大气所归，犹百川之汇海，故曰"气海"。

功能：此穴与肺气息息相关。中医有"气为血帅"之说，本穴能助全身百脉之疏通，故为强壮、保健要穴。经常着意此穴，可形松气降，神凝势壮，润燥升清。

防治：腹痛、泄泻、便秘、遗尿、疝气、遗精、阳痿、月经不调、经闭、崩漏、虚脱等疾病。

● 关元

位置：下腹部前正中线脐下3寸。

所属经脉：属任脉，为人身阴阳元气交关之处，为养生家聚气凝神之所。

功能：经常着意此穴可形松气降，神凝势壮，润燥升清。

防治：其所治之病多为虚证，如遗精、阳痿、尿频、癃闭以及女子月经不调等。

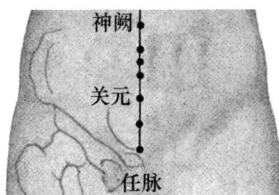

关元

第1式　起式（5动）

命名释义

拳术套路的开始、头一个动作，叫起式。共有5个动作，即左脚横移、两足平立、两腕前掤、两掌下采、蹲身下按。

动作说明

1. 左足横移：由上式，左膝松力、微曲，重心随之右移，鼻子尖与右足大趾尖上下垂直，尾骶骨与右足跟上下垂直，重心完全落于右腿。意想右侧沉肩坠肘，松腰松胯，目向前远方巡视，左足有虚起之感；随即想一下右膝后面的委中穴，右手小指向右踝骨外侧10厘米处以意指地，左足会自动向左横移，在右掌小指控制下，左足大趾轻轻着地。（10式图2）

2. 两足平立：上动不停，意想右手无名指指地，左足二趾着地；意想右手中指指地，左足中趾着地；意想右手食指指地，左足四趾着地；意想右手大指指地，左足小趾着地；意想右手四指根落地，左足掌着地；意想右手心落地，左足心着地；意想右掌跟落地，左足跟着地；左足从大趾开始在右手的控制下按要求依次落地后，会自动出一口很痛快的气，横膈膜感到非常松舒。（10式图3）

3. 两腕前掤：由上式，意想两肾间的命门穴，两掌自会向前移动；随即再想两脚下的涌泉穴，两脚十趾会有抓地之感，两手十指也会有回收之意；顺势再想一下两掌腕横纹中间的大陵穴，十指自会撮拢回够；随即意想两腋下之极泉穴，两大臂自会上抬；随即想两肘内侧的少海穴，两小臂自会上抬；待两腕上抬至高于肩低于耳时，胸中会有空畅感和饥饿感。（10式图4）

10式图2　　　　　10式图3　　　　　10式图4

4. 两掌下采：由上式，先想一下两掌心的内劳宫穴，十指自然舒展，两掌会有如在水中按球之感（10式图5）；随即再意想两手背上之外劳宫穴，两掌似有重物下坠，自然向下降落（10式图6）。待两掌降至与肚脐相平，身体有前倾之感时，意想两肘前上方的曲池穴，两掌自会平收于腹前两膝上方，有如浮在水面上或扶在沙发扶手上，感觉小腹沉实（10式图7）。

10 式图 5

10 式图 6

10 式图 7

5. 蹲身下按：由上式，待两掌降至两膝上方，上体有欲向后仰之感时，想两肩上方的肩井穴，两腿自会曲膝坐胯；待两掌随曲膝坐胯降至两大腿外侧，两掌大指对准风市穴时，起式完成。（10 式图 8）

身心感觉

左脚横移时，感觉身体右半部紧张，左半部松弛；两足平立时，感觉痛快出气，横膈膜舒畅；两腕前掤时，有心胸空畅感和饥

10 式图 8

饿感；两掌下采时有如手扶物，小腹沉实之感；蹲身下按时有两腿发胀发热，沉实有力，上轻下实之感。

健身功效

此五个动作坚持练习有通畅气血、升清降浊、健脾养胃、壮腰健腿等功效，对心脑血管疾病、脾胃不和、腰腿不利等疾患均有良好的调理作用。

技击意义

此套路乃为初学入门者而提供，主要目的是让毫无太极拳基础的人能在较短时间内掌握吴式太极拳的 10 个简单动作，以达到入门和对吴式太极拳产生兴趣的目的。其技击意义是要在拳式动作规范、熟练以后才能研究的课题，如果过早地去考虑每式的技击含义，会喧宾夺主，妨碍拳式的学习。

拳论要求，由招熟而渐悟懂劲，由懂劲而阶及神明。这是前人长期实践经验的总结，习者不可不知。由于初学者连"招熟"都没有做到，所以"技击意义"不附演示图片；之所以还要在这里介绍每一式的技击意义，是为了让初学者知道太极拳是武术，是技击的拳术，而不是健身操。太极拳既有极高的养生价值，又有极强的抗暴功效，还有极好的开智开悟效果，其文化内涵博大精深，外延无限广阔。太极拳是内家拳术，是头脑功夫，是中国传统文化的载体。懂得了这些，人们才会对学习和研究太极拳产生浓厚的兴趣。

1. 左脚横移：当对方向我右侧推击时，我目视远前方，同时右手小指指地，左脚横移，身体微微右转，即可使对方落空、失中或旋转跌倒。

2. 两足平立：周身放松可防各方进攻之力，如对方用右手向右推拨我之左肩时，我周身放松，只把意念放在右肩或身之右侧的某一部位，对方就推拨不动了。

3. 两腕前掤：当对方双手抓住我的两腕时，我同时松腕，手指先指一下地随即回够手腕内侧横纹中点两筋间的大陵穴，腕部向前突出，意想贴对方掌心之内劳宫穴，对方自会向后仰跌。

4. 两掌下采：当上述两腕前掤未能发挥作用，对方抓住我之两腕向后拽时，我速将五指舒伸，意想两手背之外劳宫穴，向下离开对方手心之内劳宫穴，以造成对方前倾之势。这时我速想两肘上方横纹尽头之曲池穴，两肘自会下沉后移，使对方向前扑跌。

5. 蹲身下按：当上述"两掌下采"未能发挥作用，对方仍死死抓住我两腕不放时，我速意想两肩上方凹陷处之肩井穴，我自然便会沉肩坐胯，同时意想两掌向下按地，或同时向左右微微转胯，对方即可跌倒。

相关穴位

• 委中

位置：两膝关节后面腘窝横线的中点。

所属经脉：足太阳膀胱经，为下合穴。

功能：理气，泄暑热，通经活血。

防治：腰痛、下肢痿痹、中风昏迷、半身不遂、腹痛、呕吐、腹泻、小便不利、遗尿、丹毒等。

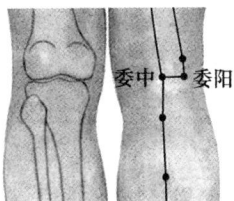

委中

• 命门

位置：腰部，当后正中线第二腰椎棘突下凹陷中，前与肚脐相处。

所属经脉：督脉。

功能：兴阳益气，宁心安神，补肾固本，通利腰脊。

防治：失眠，视物不清，后脑痛，绕脐痛，遗精、阳痿、带下、遗尿、尿频、月经不调、泄泻、腰脊强痛、下肢麻痹，手足逆冷等。

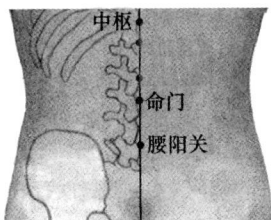

命门

• 涌泉

位置：足底，蜷足时前 1/3 凹陷处。

所属经脉：足少阴肾经，为井穴。

功能：通经活络，滋阴降火，养肝熄风，开窍宁神。

防治：循环系统、排泄系统诸多疾患。

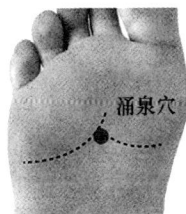

涌泉

● 大陵穴

位置：腕横纹中点两筋之间。

所属经脉：手厥阴心包经。

功能：催眠安神。

防治：心烦、心痛、心悸、胃痛、呕吐、癫狂等。

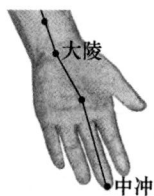

大陵

● 极泉

位置：腋窝正中，动脉应手处旁边。

所属经脉：手少阴心经。

功能：活血镇痛。

防治：心、胸、胁病，上肢病，咽干烦渴、悲愁不乐等。

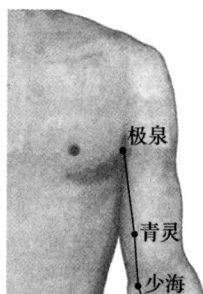

极泉

● 少海

位置：肘内侧横纹头陷中。

所属经脉：手少阴心经。

功能：通经活络。

防治：心痛、两臂麻木、肘关节痛、手颤肘挛。

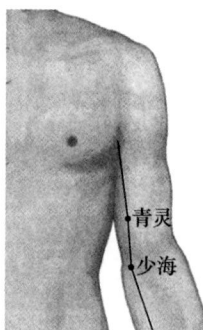

少海

● 内劳宫

位置：在掌中央，屈无名指和中指，当两指端所着之处取之。

所属经脉：手厥阴心包经。

功能：养阴安神。

防治：心烦、胸胁满痛、不可转侧、口舌生疮、口臭、牙龈糜烂、大小便血、吐衄呕逆、手心发热、鹅掌风、手颤、中风、悲笑、黄疸、热病、汗不出等。

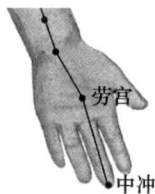

内劳宫

• 外劳宫

位置：手背，第二、三掌骨间，指掌关节后 0.5 寸凹陷中。

所属经脉：经外奇穴。

功能：舒筋活络，和中理气。

防治：手背红肿，手指麻木，五指不能屈伸，落枕及颈椎综合征，腹泻，便溏，消化不良等。

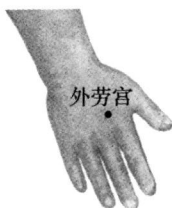

外劳宫

• 曲池

位置：两臂曲肘作拱手式，在肘窝横纹端，近肘关节。

所属经脉：手阳明大肠经。

功能：祛风解表，清热利湿，调和营血。

防治：高热、胸骨疼痛、上肢关节痛、肘中痛、全身风湿疼痛、上肢麻痹、中风偏瘫、手肘无力等。

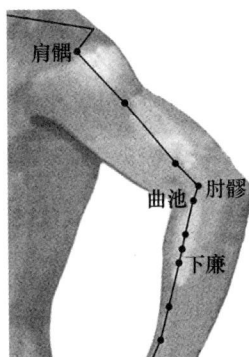

曲池

• 肩井

位置：锁骨窝直上肩峰上稍后处，或两掌于锁骨前交叉相抱时，两掌中指点按的位置。

所属经脉：足少阳胆经。

功能：通经活络，散风止痛，疏风开胸，降逆平冲。

防治：肩背、颈项、上肢疾患，中风等。

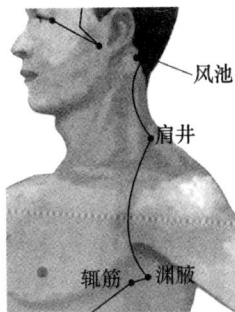

肩井

● 风市

位于：大腿外侧正中，当直立时，两
臂自然下垂中指尖所至处。

所属经脉：足少阳胆经。

功能：疏经活络，祛风除湿。

防治：风湿腰腿疼痛、下肢瘫痪、半
身不遂、膝关节病等。

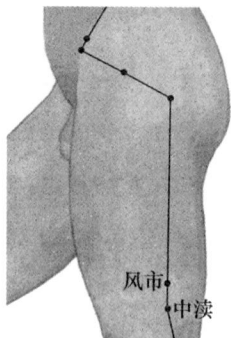

风市

第2式 左搂膝拗步 （4动）

命名释义

此式是以一掌搂膝，一掌前按——只要是左脚在前而推右掌或右脚
在前而推左掌形成左右交叉式，即为"拗步"。拳法中讲：以手横过膝盖
或下按膝盖等动作成为搂膝，是破敌下路的方法，故取是名。

动作说明

1. 左掌前掤：由上式重心左移，沉右肩坠右肘，左掌向右前上方掤
起，掌心朝前，掌指上竖，大指对正鼻子尖，眼看食指商阳穴。（10式图9）

2. 右提左按：由上式，右腕上提，左掌下按，目视右掌之虎口，意
在合谷穴。（10式图10）

10式图9

10式图10

3. 左转左按：上动不停，右腕继续上提，虎口一贴近耳门上体随之左转，左掌随之内旋下按至左膝外侧。左胯左膝回收，目视左掌中指。（10式图11）

4. 右掌前按：由上式，重心不变，左足向左掌心下方横移，足跟着地，足尖上翘，竖腰立顶，目视前远方。（10式图12）

10式图11

10式图12

随即重心前移成左弓步，意在伏兔穴。右掌以无名指引导，由右肩上方，经过口向右足前上方平穿（10式图13）。随即左掌沉肩坠肘以意扒地，意在外劳宫穴。右手在左掌的催动下，螺旋向左足前上方横按，意在右肘内侧的少海穴，与左膝内侧的血海穴相合，虎口朝上，目平视远前方。（10式图14）

10式图13

10式图14

身心感觉

每一式负重腿都会不同程度地感到发热、发酸、发胀，虚手掌心和虚脚脚心也会同时感到轻微的蠕动或发热。

健身功效

此式内能充分刺激手足之三阴三阳经脉，外可全面锻炼周身关节韧带，若方法规范合度，其动作对两髋关节和两膝关节的股四头肌锻炼效果极佳，久练腰腿强健、有力、灵活、无滞。

技击意义

设对方以右足向我踢来，我无须躲避，只要抽腰坐胯，重心右移收左足；同时右掌松腕上提，左掌向下轻轻扶按对方右膝，对方即可失势不稳；我随即快速进左足，右掌同时向对方面部穿按，对方或会受到重创，或会向后仰跌。若对方以左足向我踢来，我同样以上述方法对之，惟方向相反。

相关穴位

● 商阳

位置：食指末节桡侧，距指甲角0.1寸。

所属经脉：手阳明大肠经。

功能：解热镇痛。

防治：耳聋、牙齿疼痛、咽喉肿痛、手指麻木、中风昏迷、下颌肿痛，高热不退。

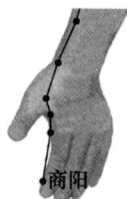

商阳

● 合谷

位置：在两手虎口一、二掌骨间，当第二掌骨桡侧中点。

所属经脉：手阳明大肠经。

功能：疏风解表，通经开窍，行气活血，通络止痛。

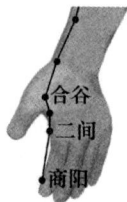

合谷

防治：感冒、头疼、喉痛、牙痛、面肿、面神经麻痹、张口困难、口眼歪斜、神经衰弱、耳聋、高血压、手指痉挛、臂痛、偏瘫、腹痛、便秘、痢疾、腹泻、阑尾炎、月经不调、全身风湿痛、病后余热不退。

● 伏兔

位置：曲膝，在髌骨上缘六寸，或以掌根按于髌骨上缘中间，向前下俯按，中指所对的位置。

所属经脉：足阳明胃经。

功能：舒筋活络，健利腰脊。

防治：腰腿疼痛、四肢麻痹、膝痛、腹胀、脚气、疝气。

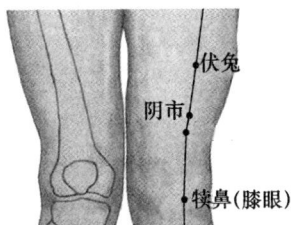

伏兔

● 血海

位置：曲膝成直角，以两掌心按于髌骨中间内缘，四个手指向下，大指向膝内侧，指端所指之凹陷中，既是此穴。

所属经脉：足太阴脾经。

功能：理血止痒。

防治：月经不调、经痛、经闭、崩漏、荨麻疹、皮肤瘙痒、丹毒、小便淋漓、股内侧痛。

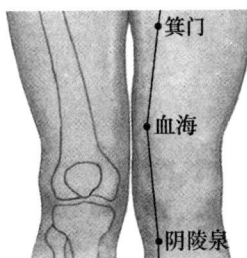

血海

第3式　手挥琵琶（4动）

命名释义

两手一前一后，前后摆动滚转好似挥弹琵琶的样子，故取此为名。

动作说明

1. 右掌回捋：由上式，前脚蹬力，重心后移，右腿曲膝下坐。右手沉肩坠肘，自动顺势沿左腿方向螺旋向胸腹前移动，掌根下沉，掌心向内。左足尖翘起，左掌置于左胯左后方，目平视前方。（10式图15）

2. 左掌前掤：由上式，重心不变，身体微向右转。右掌臂内旋掌心向下，左掌同时外旋手心斜向上，于右肘、掌下方向前上方穿伸，右掌同时与之相搓，后撤至左肘内侧。（10 式图 16）

3. 左掌平按：由上式，重心前移，成左弓步，意在伏兔穴。同时左臂内旋平横于胸前，掌心向下，右掌同时外旋，掌心向上扶托于左肘下方。目平视远前方。（10 式图 17）

10 式图 15　　　　10 式图 16　　　　10 式图 17

4. 左掌上掤：由上式，重心不变，左掌向左前方伸展（10 式图 18）。随即外旋，使掌心向上，沉肩意在肩井穴。坠肘，意在屈池穴。松胯，有上托之意。重心不变，左掌继续上托，带动右足向左足靠拢。左腿直立，右掌向后沉肩坠肘，移于右肋下，重心仍在左腿。目视左掌方向。（10 式图 19）

10 式图 18　　　　　　　10 式图 19

身心感觉

"右掌回将"时会有心胸舒畅，右脚平稳有劲，两掌掌心有轻微蠕动感；"左掌前捆"时右掌心和左足心会有轻微蠕动感；"左掌平按"时会有全身舒畅，左掌心轻微蠕动感；"左掌上捆"时会有左足如植地生根，左掌心右足心有发热和轻微蠕动感。

健身功效

久练此式可有效疏通手三阴、三阳之经络，增强心肺功能。

技击意义

设对方以右掌向我胸部击来，我随即重心右移，以右掌内旋翻手抓住对方右腕，顺势往自己腹前将带，左掌同时外旋上托对方右肘，对方右肘关节即可受伤；如未奏效，即顺势重心前移成左弓步，同时左掌内旋平按对方右臂，右掌抓握对方右腕外旋拧转，两掌合力会使对方肘臂受伤；如仍未奏效，则左掌俯掌前伸先削其左颈动脉，对方必然扭头躲避，我随即腕外旋上托，同时右足向左足靠拢，身体直立对方必会仰面跌出。

第4式　左野马分鬃 （3动）

命名释义

此式为象形动作，以自身之头部和躯干比喻为马的头；以四肢比喻为马之鬃毛，两手左右、上下、前后之摆动，两腿重心之前后变换，要如野马奔腾时鬃毛随之耸动、分张、潇洒、飘逸之优美姿态，故取此名。

动作说明

1. 左掌卜米：由上式，重心回到右腿，右腿曲膝下蹲，左掌随降至右膝前（10式图20）；随即右掌上托外推于左耳旁，左手随右手上托降至左膝前下方，目视左前方（10式图21）。

2. 左足前迈：由上式，重心和姿势均不变，左足向左前方迈进一步，足跟着地，足尖翘起，目视左足方向。（10式图22）

10 式图 20

10 式图 21

10 式图 22

3. 左肩左靠：由上式，重心前移成左弓步，意在伏兔穴。左手向左前上方外旋伸举至左手大指与左侧太阳穴平行时，右手同时前移与左手脉门相贴（10 式图 23）。随即回头向右足外侧远方看，右手随之向眼神一致的斜下方向移动，两掌前后分展但要相互牵拉助力，意在左肩井穴。左胯之环跳穴向左腿上松坐，拧颈回头目视右掌方向，右掌心与右踝骨上下相合。（10 式图 24）

10 式图 23

10 式图 24

身心感觉

此式每一个动作完成时，负重腿都会有不同程度的发热、发胀、发酸的感觉，两臂感到轻松舒展，心舒气朗，气势磅礴，前肩有力。

健身功效

重在锻炼腰胯，上下旋拧，可有效提高脏腑、韧带之弹性，振奋精神，防老抗衰。

技击意义

设对方以左手击我右面部，我速重心右移，曲膝坐胯，右手外旋上托，掌心向上，轻扶于对方左肘臂下方；同时左足向对方右足后侧迈步，足跟着地，锁住对方右腿；同时右手向左推其右臂至左耳侧，左手向右膝前下方插伸；随即蹬右足左膝前弓，两臂向左上、右下分展，目视右掌方向，以左肩靠打对方左胁肋处，即可将对方发出；如对方以右手击我左面部，我仍按上述要求应对，唯方向相反。

相关穴位

- 太阳

位置：耳廓前面，前额两侧，眉梢与外眼角连线的中点。

所属经脉：经外奇穴。

功能：清瘟降火，升清降浊。

防治：偏正头痛、目赤肿痛、目眩、目涩、牙痛、三叉神经痛。

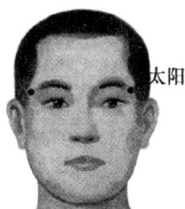

太阳

- 环跳

位置：股骨大转子与骶管裂孔连线的外1/3与内2/3的交界处。或侧卧屈膝，于足根所对位置取之。

所属经脉：足少阳胆经。

功能：通经活络，祛风散寒，健利腰腿。

防治：坐骨神经痛、腰胯痛、下肢麻痹、半身不遂。

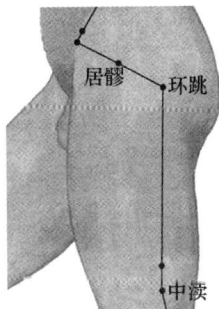

环跳

余见前。

第5式　左右金鸡独立（14动）

命名释义

此式系以一腿支持体重，而另一条腿曲膝提起垂悬不落，形如鸡之单腿独立状态，故取此为名。

动作说明

左独立式（7动）

1. 右掌回捋：由上式，重心和姿势均不变，上体左转，右掌随转腰之势降落，经右膝外侧，向左膝内侧垂伸；左掌亦随之移至右肩前，成左弓步，意在伏兔穴。目视右掌。（10式图25）

2. 左弓回看：由上式，上体左转，回头看右足。左掌外旋，掌心向上，置于右肩前，右掌内旋，虎口张开，掌心向下，欲要抓右足腕。（10式图26）

3. 右掌前指：由上式，上身直立，目视远前方，右掌亦同时直臂前伸，追眼神。（10式图27）

10式图25　　　　　10式图26　　　　　10式图27

4. 右掌上掤：左腿直立，目视天空，同时右掌向上直臂指天，追眼神。（10式图28）

5. 左掌前指：由上式，重心、姿势均不变，随即目视远前方，左掌亦同时直臂前伸，追眼神。（10 式图 29）

10 式图 28

10 式图 29

6. 左掌下指：由上式，重心、姿势均不变，左掌顺势下指，目视前远方。（10 式图 30）

7. 右提远眺：由上式，左掌与眼神刚一相接，随即分开，眼看地面。左掌追眼神，降落指地。随即右腿曲膝上提，右足心（意在涌泉穴）找左掌中指，意在中冲穴。右臂姿势不变，目视远前方。（10 式图 31）

10 式图 30

10 式图 31

右独立式 (7动)

1. 左屈右落：由上式，两掌姿势不变，左腿曲膝下坐，右足跟轻轻落地，足尖上翘。（10式图32）

2. 右弓回看：由上式，重心前移，成右弓步，意在伏兔穴。上体右转，回头看左足。右掌外旋，掌心向上，置于左肩前；左掌内旋，虎口张开，掌心向下，欲要抓左足腕。（10式图33）

3. 左掌前指：由上式，上身直立，

10式图32

目视远前方，左掌亦同时直臂前伸，追眼神。（10式图34）

10式图33

10式图34

4. 左掌上掤：由上式，上体微左转，面向正前方，重心前移，右腿直立，目视天空，同时左掌向上直臂指天，追眼神。（10式图35）

5. 右掌前指：由上式，随即目视远前方，右掌亦同时直臂前伸，追眼神。（10式图36）

传统吴式太极拳入门诀要

050

10 式图 35

10 式图 36

6. 右掌下指：由上式，重心、姿势均不变，右掌顺势下指，目视前远方。（10 式图 37）

7. 左提远眺：由上式，右掌与眼神刚一相接，随即分开，眼看地面。右掌追眼神，降落指地。随即左腿曲膝上提，左足心（意在涌泉穴），找右掌中指（意在中冲穴）。两掌姿势不变，目平视远前方。（10 式图 38）

10 式图 37

10 式图 38

身心感觉

此式左右负重之腿均会有不同程度的发热、发胀之感觉，提膝之腿的脚心和两掌心均会有不同程度的蠕动或发热的感觉，周身会有神充天地、势满寰宇之气势。

健身功效

可提高身体的稳定性，提神健脑。

技击意义

设对方以左拳向我胸部打来，我速左转身左膝前弓，右手内旋抓捋对方左腕向左腿外侧按压，同时左臂外旋，掌心朝上，虎口撑开，掐捏对方咽喉；随即左手内旋向下按压其左腕，右手外旋握拳上提击其下颌，或以掌向上撩穿对方下颌，同时右膝上提撞其裆腹。如对方以右手击我胸部，我仍按上述要求应对，唯方向相反。

相关穴位

● 中冲穴

位置：手中指指端中央。

所属经脉：手厥阴心包经。

功能：回阳救逆，开窍通经。

防治：中风昏迷、晕厥、心痛、头疼发热、心烦意乱、痰涎壅盛、牙关紧闭。

余见前。

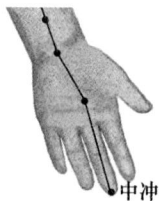

中冲

第6式　倒撵猴（8动）

命名释义

拳中术语，将退步过程中腰胯向后移动，称为倒撵劲，把敌人称呼为猴。此式动作是以退为进，将对方所来之直力化为斜向力，或使之打漩而前倾，而我则形成追赶之势。

动作说明

1. 独立反按：由上式，下肢重心、姿势均不变，右手上托至左膝前随即向前反按，掌心斜向下，左掌亦同时松腕、撮指回收至左肩前，虎口靠近左耳。目视右掌掌根，意在脊背之身柱穴。（10 式图 39）

10 式图 39

2. 左撤左按：由上式，右掌内旋掌心向下，意想搂左膝，左膝躲避外摆，意想按左足（10 式图 40）。左足后撤，随即右手向右膝外侧扒地下按，左掌同时向前推击，成右弓步，意在右腿伏兔穴，目平视左掌前方（10 式图 41）。

10 式图 40

10 式图 41

3. 右提左按：由上式，重心左移，右手松腕上提至右耳前，眼看虎口（10 式图 42）。左腿曲膝坐胯，成左坐步式，右足尖上翘，足跟着地，随即眼看右膝，左掌随之下按（10 式图 43）。左掌刚要摸到右膝，立身抬头向前看，左手随即离开右膝（10 式图 44）。

10 式图 42   10 式图 43   10 式图 44

4. 左展右收：由上式，左手随眼神依次摸右胯内侧、左胯内侧、左膝内侧，随即上体左转（10 式图 45）。左手向左后方摆动，眼看左掌方向，右足借势向后收至左足内侧，足尖着地，足跟提起（10 式图 46）。随即上体右转目视远前方，左掌由左后前移，追眼神（10 式图 47）。

10 式图 45   10 式图 46   10 式图 47

5. 左弓右按：由上式，右足后撤左手扒地，意在外劳宫穴。右掌前按，意在右肘内侧之少海穴与左膝内侧之血海穴，成左弓步，目视远前方。（10 式图 48）

6. 左提右按：由上式，重心右移，左手松腕上提至左耳前，眼看虎

口。（10 式图 49）

10 式图 48

10 式图 49

右腿曲膝坐胯，成右坐步式，左足尖上翘，足跟着地，随即眼看左膝，右掌随之下按（10 式图 50）。右掌刚要摸到左膝，立身抬头向前看，右手亦即离开左膝（10 式图 51）。

10 式图 50

10 式图 51

7. 右展左收：由上式，右手随眼神摸左胯内侧、右胯内侧、右膝内侧，随即上体右转。右手向右后方摆动，眼看右掌方向。左足借势向后收至右足内侧，足尖着地，足跟提起（10 式图 52）。随即上体左转目视远前方，右掌由右后前移追眼神（10 式图 53）。

8. 左撤左按：由上式，右腿曲膝坐胯，左足后撤，成右弓步，意在伏兔穴。同时右掌向右膝外侧扒地下按，意在外劳宫穴；左掌向前推按，意在左肘内侧之少海穴，与右膝内侧之血海穴相合。（10 式图 54）

10 式图 52　　　　　　　10 式图 53　　　　　　　10 式图 54

身心感觉

"独立反按"会有腰部发热、右掌掌心蠕动之感；"左撤左按"会有右腿发胀发热，两掌掌心蠕动之感；"右提左按"会有左腿发胀发热、两掌掌心蠕动之感；"左展右收"会有左腿发热发胀、两掌轻微蠕动之感；"左弓右按"会有左脚发胀、发热，右脚和两掌掌心轻微蠕动之感；"左提右按"会有左腿发热发胀、右脚和两掌心轻微蠕动之感；"右展左收"会有右腿发热发胀、两掌轻微蠕动之感；"左撤左按"会有右腿发胀发热、两掌掌心蠕动之感。

健身功效

可有效提高身体左右、上下、前后的协调性，提高腰腿的灵活性和重心的稳定性；有效锻炼周身关节、韧带，特别是腰胯关节，防治周身关节疾患。

技击意义

设对方以右拳向我胸部击来，我速左转身，右手外旋，掌心向上，复向前下反按击打对方腹部，同时左掌松腕上提，左膝亦同时上提，以助其力。若对方以右手抄我左腿，我便速向左转身以右手抓其右腕内侧，复臂内旋向右胯外侧捋带，同时撤左步，左掌向前击打对方面部。如对方以左手接拿我之左腕，我则速将重心左移曲膝坐胯，左手抓其左腕向下按压，右手松腕上提。如此，对方必向前倾倒。我再速撤右足，左手握住敌腕向左膝外侧移动，右手向前击打对方头面。余式以此类推。

相关穴位

● 身柱

位置：第三胸椎棘突下凹陷中。

所属经脉：督脉。

功能：振奋正气。

防治：眩晕、气喘、咳嗽、腰脊强痛、癫痫。

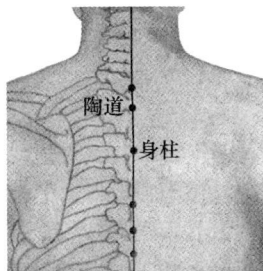

身柱

余见前。

第7式　斜飞势（4动）

命名释义

此式的两臂分合闭张等动作，好像大鹏展翅，斜形飞翔于上空，故取此名。

动作说明

1. 左掌斜捌：由上式，下肢重心、姿势均不变，上体左转，使右下腹部落于右大腿根部，同时右掌和左掌分别向右斜下方、左斜上方推拨，掌心均反向外，大指朝下，意念在右掌，意想外劳宫穴，眼神看左掌食指，意在商阳穴。（10式图55）

10式图55

2. 左掌下将：由上式，下肢重心、姿势均不变，左掌从上向下外旋下将至右膝内侧稍前处，右掌同时由右后方外旋向左推至左肩前，目视左肩方向。（10 式图 56）

3. 左足前迈：由上式，重心不变，沉右肩，意在肩井穴，坠右肘，意在曲池穴，左足向左前方迈出一步，足跟着地，足尖翘起，目视左前上方。（10 式图 57）

4. 左肩左靠：由上式，重心前移，成左弓步，意在伏兔穴。同时左掌前伸掌心向上，沉肩坠肘，两肾间的命门穴，找左胯的环跳穴，右掌亦同时向后移至右胯上方，意在左肩，目视左掌方向。（10 式图 58）

10 式图 56　　　　　10 式图 57　　　　　10 式图 58

身心感觉

"左掌斜挪""左掌下将"均会有右腿发胀、发热、发酸，两掌掌心轻微蠕动之感；"左足前迈"会有右腿加重、发热、发胀之感；"左肩左靠"会有左腿发胀发热，两掌掌心轻微蠕动之感。

健身功效

此式对腰胯关节有很好的锻炼效果，久练此式可使腰腿灵活强健，腹心松静，神舒气爽。

技击意义

此式可破对方击打我之两侧面部。设对方以右掌击打我之左侧面部，我速右脚前迈，曲膝成右弓步，同时左臂内旋，虎口朝下，向外推拨对方右大臂内侧；对方又以左手击打我之右面部，我速重心下移，右手外旋向上推托对方右肘臂于我左耳外侧，同时左手下压使对方右臂至于我右膝前，随即上左足，足跟着地锁住对方右腿，右腿蹬地左膝前弓，两掌左上右下前后分展，可使对方受制仰跌。

第8式　提手上式 （5动）

命名释义

此式为象形动作。右掌变勾和身形向上伸长升起如提物状，故取此名。

动作规范

1. 半面右转：由上式，身体右转同时右足跟内收，两掌姿势不变顺势移动；随即左足尖内扣，左掌前伸，右膝前弓，意在右腿伏兔穴，左掌与右足上下相对。（10式图59）

2. 左将右掤：由上式，前脚蹬地，左腿曲膝下坐，右足尖翘起，同时左掌回将，右掌上掤，成右抱七星式，目视正前方。（10式图60）

10式图59　　　　　　　　　10式图60

3. 左掌打挤：由上式，重心移至右足，右掌内旋曲臂横平于胸前，左掌心扶于右腕内脉门处，意在脊背之身柱穴，目视前方。（10式图61）

4. 右掌变勾：由上式，右掌五指撮拢变勾向上提起，身随之向前，收左足与右足并齐，左脚掌虚着地面，左掌下按，视线与意均在右腕。（10式图62）

10式图61

10式图62

5. 右勾变掌：由上式，右勾上提，至身直时变掌，掌心转向前上方，意在右掌心，仰视远上方。（10式图63）

身心感觉

"半面右转"时左腿会感觉发胀、发热，两掌掌心轻微蠕动。"左捋右挪"时左腿会有发热、发胀感觉加重，右脚心和两掌心轻微蠕动之感。"左掌打挤"时会感觉全身力量由脚而腿而腰，达于脊背，形于手指，并觉气势完整一体。"右掌变勾"当五指聚拢时，右小腿会感觉很紧张，犹如汽车踩刹车踏板之感，右掌掌心蠕动。"右勾变掌"时会感觉胸部舒畅，

10式图63

两掌掌心发热，有蠕动感。

健身功效

此式扭转、俯坐、勾提，运动全面，特别是对腰胯、膝腕等关节之锻炼效果尤佳，可充分活跃手足三阴三阳之经络，内外兼修。

技击意义

设对方以左掌向我胸部击来，我速以左手粘其腕部，同时重心左移曲膝下坐，右足前迈并以右肘粘其左肘，将对方左臂拿住；随即右膝前弓，右臂曲肘横平于胸前，左手扶于右手脉门处，意想背后之夹脊处之身柱穴，向前与右脚之涌泉穴上下相合，将对方挤出。对方如未倾倒，我随即右手松腕聚拢上提，以腕关节击打对方下颌；待对方躲闪，我立身前俯继续托按对方之下颌，使对方仰倒。

第9式　白鹤亮翅（4动）

命名释义

此式亦是象形动作。两掌一上一下，两臂不对称。身体扭转单手上举为展翅，双手上伸为亮翅，故取此名。

动作说明

1. 俯身按掌：由上式，视线注视右掌食指尖之少商穴，渐渐向下俯身，俯至右掌与肩平掌心向外时，视线改为注视左掌食指尖，左掌向下按至极度为止；俯身时两腿直立，膝部不要弯曲，意在左掌掌心之内劳宫穴。（10式图64）

2. 向左扭转：由上式，右膝松力，左臂外旋指尖下垂，掌心转向外，视线先看拇指、食指肚，最后目视中指指肚。（10式图65）

3. 左掌上掤：由上式，眼神离开左掌中指指肚，仰视上空，左掌紧追视线自然抬起，至高与头平（10式图66）。随即上体自动转向正前方，两掌高举过头顶，掌心朝外，眼神仰视上空（10式图67）。

10 式图 64

10 式图 65

10 式图 66

10 式图 67

4. 两肘下垂：由上式，松脚腕意在解溪穴，松膝盖意在伏兔穴，松胯意在环跳穴，松腰意在命门穴，松肩意在肩井穴，沉肘意在曲池穴。下蹲，两掌心转向内，重心在左足，目视前方，意在两掌大指指尖。（10 式图 68）

身心感觉

"俯身按掌"时会感觉两腿腘窝肌

10 式图 68

腱伸得发酸发疼，两掌掌心发热；"向左扭转"时会感觉两肋舒张，掌心蠕动，左腿腘窝发胀、发酸；"左掌上掤"时会感觉两肋部特别舒畅，两掌食指指尖发胀发热；"两肘下垂"时会感觉全身轻松舒适，两掌掌心发热，指尖发胀。

健身功效

此式俯身转腰，可滋阴补肾，健利腰腿，防治腰腿疼。

技击意义

接上动，当我以右掌上托对方下颌没有托着，落了空，上体便须微向前俯身，同时以右掌心从上向前、向下扑按对方之面部。对方如从我身之左侧以右掌击我面部或搂我脖颈时，我则向左扭转身躯，同时以右掌由对方之右臂下面抄起使右腕粘其腕部，不可脱离。接上动，我之左肘与对方之右肘上下相贴时，随即左臂内旋使掌心转向后方，同时右手粘住对方右手腕，手掌随转随向上伸，右肘同时下沉，使掌心转向后方；与此同时，曲膝略蹲。这时，对方会因右肘被我滚肘下压而匍匐在地。

相关穴位

● 少商

位置：手大指内侧，距离指甲角后一分处。

所属经脉：手少阴心经。

功能：止咳润肺。

防治：咳嗽、气喘、咽喉肿痛、鼻衄、发热、呼吸困难、窒息、中风昏迷、中暑呕吐、癫狂。

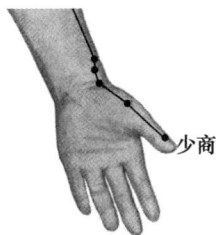

少商

● 解溪

位置：足背与小腿交界处之横纹正中。

所属经脉：足阳明胃经。

功能：通经活络，引上焦郁热下行。

防治：头疼、眩晕、目赤、眉棱骨痛、心烦、癫狂、腹胀、便秘、下肢痿痹、转筋。

余见前。

第10式　收式 （4动）

命名释义

此为套路终了之势，使运动状态恢复到起式时的状态，故得名。

动作

1. 三指环接：由上式，两掌内旋，掌心斜向下，食指相接看食指，中指相接看中指，大指相接看大指，随即两肘上抬两掌心转向下。（10式图69）

2. 环指平移：由上式，两掌向后平移至指环中心对准鼻子尖；然后慢慢抬起头来。（10式图70）

3. 三环套月：由上式，两掌指形不变，同时外旋使掌心转向内，套在肚脐（即神阙穴）上，形成三环套月式。（10式图71）

10式图69　　　　　10式图70　　　　　10式图71

4. 太极还原：由上式，两掌贴着腹部缓慢下滑，至中指达到两小腹下角之气冲穴处稍停（10式图72）。再继续下滑至两大腿外侧，待中指垂直于风市穴时，收式完成（10式图73）。

10 式图 72　　　　　　　　　10 式图 73

身心感觉

"三指环接""环指平移"时会感觉腹心松静；"三环套月"时会感到内气荡漾；"太极还原"时会感到全身舒畅。

健身功效

此式可收纳天、地、人三才的清精之气，通达全身，收于丹田，对养生长寿、防病治病极有益处。

技击意义

设对方双掌向我扑来，我则双手俯掌向前以指尖穿击对方双目，使对方后仰；随即双腿曲膝下坐，两掌同时沿对方大臂上侧向腹前捋按其双腕向腹前移动，目视两脚前下方，即可使对方前倾，有效化解对方之来力。

相关穴位

● 神阙

位置：肚脐正中。

所属经脉：任脉。

功能：调理脾胃。

防治：肠鸣腹痛、痢疾肠炎、脱肛、水肿虚脱。

● 气冲

位置：在腹股沟稍上方，肚脐正中下 5 寸，旁开 2 寸。

所属经脉：足阳明胃经。

功能：升清降浊，调理脾胃，固本壮阳。

防治：小腹痛、睾丸痛、腹股沟痛、疝气、偏坠、呃逆不止。

传统吴式简化太极拳18式

18 式名目

右掌翻转

左足前迈

左掌斜掤

左掌反采

右掌前按

左掌右转

左掌回挒

左按右撤

右掌斜掤

右掌反采

左掌前按

两掌内合

右掌下采

右足横移

右肩右靠

右掌翻转

左足前迈

左掌前掤

左掌反采

右掌前按

左掌右转

左掌回挒

左按右撤

右掌斜掤

右掌反采

左掌前按

第7式　肘底看捶（3动）

两掌前伸

左弓下按

左拳上提

第8式　正单鞭（2动）

变勾开步

左掌平按

第9式　下势（5动）

两臂分展

右掌前掤

两掌回挒

右肘平顶

两掌下按

第10式　上步七星（2动）

右掌下插

两掌交叉

第11式　退步跨虎（5动）

撤步按掌

两掌回挒

两掌合下

右提左勾

前掌后勾

第12式　回身扑面掌（3动）

右掌右伸

蓄势待发

左掌前按

第13式　转身摆莲（4动）

左掌右转

两掌沉采

右足右摆

左摆右落

第 14 式　弯弓射虎（8 动）

两掌右摆

两拳上提

两拳俱发（右）

两拳右摆

左足前迈

两掌左摆

两拳上提

两拳俱发（左）

第 15 式　卸步搬拦捶（7 动）

右坐左掩

左撤右搬

左坐右掩

右撤左搬

左掌回将

左掌右拦

右拳平冲

第 16 式　如封似闭（2 动）

两掌分搁

两掌平按

第 17 式　抱虎归山（3 动）

两掌下按

两掌横分

两掌翻转

第 18 式　十字手、收式（9 动）

十字手

两掌上掤

两臂上举

两掌交叉

两肘沉采

收式（合太极）

两肘平分

合太极（三指环接）

环指平移

三环套月

太极还原

动作图解

这一套路是为有一定太极拳基础，但没有练过吴式太极拳的人提供的。吴式太极拳有自己独特的运动特点，较之习练其他太极拳会有一定的难度。为了使习练者尽快掌握吴式太极拳的运动规律，尽早学会、学好吴式太极拳，我创编了这一套路。

此套路是完全按照王培生先生传授的传统吴式太极拳 37 式套路动作的前后顺序经截取组合而成的。包括从起式到第 7 式的肘底看捶，共 7 个式子；然后再从第 28 式云手的最后一个动作"左掌平按"（单鞭）到收式，共 11 个动作，前后加起来共 18 式。这样截取组合的主要目的，是为了有利于吴式太极拳 37 式这一经典套路的推广普及。因为初学者要一下子把 37 式学会，确实有很大难度。我截取组合的这 18 个式子，既不破坏 37 式原来的顺序，又都是 37 式子中难度较小的式子，便于初学者先易后难地学习掌握，为系统学练吴式太极拳 37 式打下基础。这 18 个式子练会了，就基本掌握了吴式太极拳 37 式的运动规律，再接着学习中间的 19 个难度较大的式子，就比较容易了。

预备式 （1 动）

两足并立，两掌自然下垂，舌抵上腭，喉头找大椎，目平视前远方；同时想象周身骨节断开，肌肉放松，着意丹田（18 式图1）。身体感觉像是站在行进的船上，有摇晃之感，说明已进入太极境界。

18 式图 1

第 1 式 起式 (5 动)

1. 左足横移：由上式，左膝松力、微曲，重心随之右移。鼻子尖与右足大趾尖上下垂直，尾骶骨与右足跟上下垂直，重心完全垂直于右腿。意想右侧沉肩坠肘，松腰松胯，目向前远方巡视，左足有虚起之感。随即想一下右膝后面的委中穴，右手小指向右踝骨外侧 10 厘米处以意指地——左足会自动向左横移，在右掌小指控制下，左足大趾轻轻着地。(18 式图 2)

2. 两足平立：上动不停，意想右掌无名指指地，左足二趾着地；意想右手中指指地，左足中趾着地；意想右手食指指地，左足四趾着地；意想右手大指指地，左足小趾着地；意想右手四指根落地，左足掌着地；意想右手心落地，左足心着地；意想右掌跟落地，左足跟着地；左足从大趾开始在右手的控制下按要求依次落地后，会自动出一口很痛快的气，横膈膜感到非常松舒。(18 式图 3)

3. 两腕前掤：由上式，意想两肾间的命门穴，两掌自会向前移动；随即再意想两脚下的涌泉穴，两脚十趾会有抓地之感，两手十指也会有回收之意；顺势再意想一下两掌腕中间的大陵穴，十指自会撮拢回够；随即意想两腋下之极泉穴，两大臂自会有上抬之感；随即意想两肘内侧的少海穴，两小臂自会上抬。待两腕上抬至高于肩低于耳时，胸中会有空畅感和饥饿感。(18 式图 4)

18 式图 2　　　　　　　18 式图 3　　　　　　　18 式图 4

4. 两掌下采：由上式，先想一下两掌心的内劳宫穴，十指自然舒展，两掌会有如在水中按球之感（18式图5）。随即再意想两手背上之外劳宫穴，两掌似有重物下坠，自然向下降落（18式图6）。待两掌降至与肚脐相平，身体有前倾之感时，意想两肘前上方的曲池穴，两掌自会平收于腹前两膝上方，有如同浮在水面上或扶在沙发扶手上，感觉小腹沉实（18式图7）。

18式图5　　　　　18式图6　　　　　18式图7

5. 蹲身下按：由上式，待两掌降至两膝上方时，上体有欲向后仰之感时，意想两肩上方的肩井穴，两腿自会曲膝坐胯；待两掌随曲膝坐胯降至两大腿外侧，两掌大指对准风市穴（即直立时两臂自然下垂，两手中指所对的位置）时，起式完成。（18式图8）

第2式　揽雀尾（8动）

1. 左抱七星：由上式，上体右移，重心完全垂直到右腿时，沉右肩、坠右肘，左掌沉肘沿下弧线自动向右足前上方推移至大指与鼻子尖前后对照（18式图

18式图8

9）；随即臂外旋，左掌心转向内，手心斜向上，大指肚对正鼻子尖（18式图10）；随即右手上抬置于左肘内侧（18式图11）；左足向前迈出一步，足跟着地，足尖翘起，目视左掌食指方向（18式图12）。

2. 右掌打挤：由上式，重心左移，左膝前弓，右腿后伸成左弓步，同时左臂内旋掌心转向内，平横于胸前；右掌同时从左臂弯平移至左手脉门处，掌心贴脉门，掌指上竖。（18式图13）

18式图9　　　　　　18式图10　　　　　　18式图11

18式图12　　　　　　　　18式图13

3. 右抱七星：由上式，重心不变，目视右前远方，同时旋腰坐胯上体右转，左足尖内扣（18式图14）。左掌食指追眼神，右手顺势沿左手大指斜面前伸，亦追眼神（18 式图 15）。随即右臂外旋，手心斜向上，左掌回移至右臂弯处（18 式图 16）。随即沉左肩，坠左肘，右足前迈，将足跟前移至原足尖处，右足尖上翘（18 式图 17）。

4. 左掌打挤：由上式，重心右移，右膝前弓，左腿后伸成右弓步。同时右臂内旋食指对左眉梢，掌心转向内，平横于胸前；左掌同时从右臂弯平移至右手脉门处，掌心贴脉门，掌指上竖，目平视前远方。（18 式图 18）

18 式图 14

18 式图 15

18 式图 16

18 式图 17

18 式图 18

5. 右掌回捋：由上式，重心不变，右掌内旋前伸，手心向下，左手心顺势翻转向上，置于右手脉门处（18 式图 19）；随即右足蹬力，左腿曲膝后坐，右掌回捋至右胯旁（18 式图 20）；随即松腰坐胯，继续右转，右足尖上翘，上体再向右转至极限，左手四个手指肚轻托于右手脉门处，眼神随视右肘方向，复再看左前方（18 式图 21 正、背）。

18 式图 19

18 式图 20

18 式图 21 正

18 式图 21 背

6. 右掌前掤：由上式，重心不变，左手内旋以意带动右手外旋，掌心转向上，左手心向下扶于右手脉门处（18 式图 22）；随即左手拉着右手随着上体顺势左转，移至左胯前，右足落平，目视左手背（18 式图

23）；随即目视右前方，重心右移，成右弓步，同时右手前伸追眼神，左掌相随，两掌朝向和上下位置不变（18式图24）。

18 式图 22　　　　　　18 式图 23　　　　　　18 式图 24

7. 右掌后掤：由上式，两掌姿势不变，重心后移，左腿曲膝下坐，右足尖翘起；上体随之右转，两掌随着转至右手大指和食指与右小眼角成一条直线，目视右后方。（18式图25正、背）

18 式图 25 正　　　　　　　　　18 式图 25 背

8. 右掌前按：由上式，重心不变，上体左转，右足尖内扣，足尖朝前，平落地面（18式图26）；随即重心右移，曲膝坐胯重心完全移于右腿，右手大指从右嘴角划向左嘴角（18式图27）；随即背向后倚，右掌再向左前方前按出，左掌相随姿势不变，掌指扶于右掌脉门处（18 式图 28）；上动不停，再向右平移至右前方，左手姿势不变仍轻扶于右手脉门处，目视右手食指（18 式图 29）。

18 式图 26

18 式图 27

18 式图 28

18 式图 29

第 3 式 搂膝拗步 （2 动）

1. 右提左按：由上式，重心不变，沉右肩，坠右肘，右掌、左手姿势均不变，同时下降（18 式图 30）；随即右手松腕上提至右肩前，上体左转，左胯左膝回收，左手随之内旋向左膝外侧下按，目视左掌中指（18 式图 31）。

18 式图 30

18 式图 31

2. 右掌前按：由上式，重心不变，左足向左掌心下方横移，足跟着地，足尖上翘，目视方向不变（18 式图 32）；随即竖腰立顶，目视前远方（18 式图 33）；随即重心前移成左弓步，右掌以无名指引导，由右肩上方，经过口，向右足前上方平穿（18 式图 34）；随即左掌沉肩坠肘以意扒地，右手在左掌的催动下，螺旋向左足前上方横按，虎口朝上，目平视远前方（18 式图 35）。

18 式图 32

18 式图 33

传统吴式简化太极拳18式

079

18 式图 34

18 式图 35

第 4 式　手挥琵琶（4 动）

1. 右掌回捋：由上式，前脚蹬力，重心后移，右腿曲膝下坐，右手沉肩坠肘，顺势沿左腿方向螺旋向胸腹前移动，掌根下沉，掌心向内，左足尖翘起，左掌置于左胯左后方。目平视前方。（18 式图 36）

2. 左掌前掤：由上式，重心不变，身体微向右转，右掌臂内旋掌心向下，左掌同时外旋手心斜向上，于右肘、掌下方，向前上方穿伸，右掌同时与之相搓，后撤至左肘内侧。（18 式图 37）

18 式图 36

18 式图 37

3. 左掌平按：由上式，重心前移，成左弓步，同时左臂内旋平横于胸前，掌心向下，右掌同时外旋掌心向上扶托于左肘下方。目平视远前方。（18 式图 38）

4. 左掌上掤：由上式，重心不变，左掌向左前方伸展（18 式图 39）；随即外旋，使掌心向上，沉肩、坠肘、松胯，有上托之意，目视左前上方；随即重心不变，左掌继续上托，带动右足向左足靠拢，左腿直立，右掌向后沉肩坠肘，移于右肋下，重心仍在左腿，目视左掌方向（18 式图 40）。

| 18 式图 38 | 18 式图 39 | 18 式图 40 |

第 5 式　野马分鬃 （6 动）

1. 左掌回捋：由上式，重心回到右腿，右腿曲膝下蹲，右掌上托外推于左耳旁，左手随右手上托同时下降至左胯前。目视左前方。（18 式图 41）

2. 左足前迈：由上式，重心和姿势均不变，左足向左前方边进一步，足跟着地，足尖翘起，目视左足（18 式图 42）。随即竖腰立顶，目视左前方（18 式图 43）。

18 式图 41　　　　　　18 式图 42　　　　　　18 式图 43

　　3. 左肩左靠：由上式，重心前移成左弓步，左手向左前上方外旋伸举至左手大指与左侧太阳穴平行，同时右手前移与左手脉门相贴（18 式图 44）；随即回头向右足外侧远方看，右手随之向眼神一致的斜下方向移动，两掌前后分展但要相互牵拉助力，意在左肩，左胯向左腿上松坐，拧颈回头目视右掌方向，右掌心与右踝骨上下相合（18 式图 45）。

18 式图 44　　　　　　　　　18 式图 45

　　4. 右掌回捋：由上式，重心和姿势均不变，上体左转，右掌随转腰之势降落，经右膝外侧、左膝内侧，向左膝外侧垂伸；左掌亦随之移至右耳外侧，成左弓步。目视左膝外侧。（18 式图 46）

5. 右足前迈：由上式，重心和姿势均不变，沉左肩坠左肘，上体微向右转；随即右足经左足内侧前迈，目视右足（18 式图 47、图 48）；随即竖腰立顶，目视右前方（18 式图 49）。

18 式图 46

18 式图 47

18 式图 48

18 式图 49

6. 右肩右靠：由上式，重心前移成右弓步，右手向右前上方外旋伸举至右手大指与右侧太阳穴平行时，同时左手前移与右手脉门相贴（18 式图 50）；随即回头向左足外侧远方看，左手随之向眼神一致的斜下方向移动，两掌前后分展但要相互牵拉助力，意在右肩，右胯向右腿上松坐，拧颈回头目视左掌方向（18 式图 51）。

18 式图 50　　　　　　　18 式图 51

第6式　玉女穿梭（26 动）

1. 右掌翻转：由上式，重心不变，上体右转，右手随之内旋掌心向下，左掌亦随之外旋掌心转向内，经左膝、右膝移至于右肘下方，状如抱球。眼看右肘外一尺二处。（18 式图 52）

2. 左足前迈：由上式，重心不变，沉右肩坠右肘松右胯，左足经右足内侧向前迈出，足跟着地，足尖翘起，两掌姿势不变。目视左足方向。（18 式图 53、图 54）

3. 左掌斜掤：由上式，抬头看左前方，重心前移成左弓步，同时左掌外旋向左前方伸移，掌心向上，右手亦随之向前移至左手脉门处，掌心向下。目视方向不变。（18 式图 55）

4. 左掌反采：由上式，重心后移，右腿曲膝坐胯，成右坐步式，左足尖翘起，同时左手上举。（18 式图 56）

5. 右掌前按：由上式，左手内旋横置于头顶上方，掌心斜向上。上体微右转，右手平移至膻中穴，复再横移至左腋下（18 式图 57、图 58）。随即重心前移成左弓步，左掌位置、姿势均不变，右掌随之从左腋下经左肘向正前方环推，目视正前远方（18 式图 59）。

18 式图 52　　　　　18 式图 53　　　　　18 式图 54

18 式图 55　　　　　　　　18 式图 56

18 式图 57　　　　　18 式图 58　　　　　18 式图 59

6. 左掌右转：由上式，重心不变，右足跟内收，左足尖内扣（18 式图 60）；随即上体极力向右后转至极限，右手外旋掌心向上，置于左腋下，左掌之食指追找右耳垂后面的翳风穴，掌心向外，两掌上下如双龙反向绕身盘旋，重心始终在左腿。目视右后方。（18 式图 61 正、背）

7. 左掌回捋：由上式，重心和右掌姿势均不变，左掌按原路线向左后方回伸，目视方向不变。（18 式图 62）

8. 左按右撤：由上式，重心不变，左掌微下按，转头回看左后远方，左掌追眼神（18 式图 63）；随即看左掌，两掌下按，右足后撤，成左弓步（18 式图 64）。

18 式图 60

18 式图 61 正

18 式图 61 背

18 式图 62

18 式图 63

18 式图 64

9. 右掌斜掤：由上式，重心右移，成右弓步，上体随之右转，右掌同时随臂外旋向右前上方伸展移动，掌心向上；左手随动，手心向下，置于右腕脉门处。目平视右掌前上方。（18 式图 65）

10. 右掌反采：由上式，重心后移，左腿曲膝坐胯，成左坐步式，右足尖翘起，同时右手上举。（18 式图 66）

18 式图 65

18 式图 66

11. 左掌前按：由上式，右手随即内旋横置于头顶上方，掌心斜向上，上体微左转，左手随移至膻中穴，复再横移至右腋下（18 式图 67、图 68）。随即重心前移成右弓步，右掌位置、姿势均不变，左掌随之从右腋下经右肘向正前方环推，目视正前远方（18 式图 69）。

18 式图 67

18 式图 68

18 式图 69

12. 两掌内合：由上式，重心后移，左腿曲膝坐胯，成左坐步式，右足尖上翘，右臂外旋，右肘内侧与左手掌指相贴（18 式图 70）；随即右足左移，两膝内侧相贴，目平视左前方（18 式图 71）。

18 式图 70

18 式图 71

13. 右掌下采：由上式，重心不变，松左胯重心继续下移，左手向上，手背贴于右耳侧，右手同时向下垂于左膝前外侧，上体立直。目朝右肩方向平视。（18 式图 72）

14. 右足横移：由上式，重心、两掌姿势均不变，右足向右横移至与肩同宽。（18 式图 73）

18 式图 72

18 式图 73

15. 右肩右靠：由上式，重心前移成右弓步，右手向右前上方外旋伸举至右手大指与右侧太阳穴平行（18 式图 74）；随即回头向左足外侧远方看，左手随之向眼神一致的斜下方向移动，两掌前后分展但要相互牵拉助力，意在右肩，右胯向右腿上松坐，拧颈回头目视左掌方向（18 式图 75）。

18 式图 74

18 式图 75

16. 右掌翻转：由上式，重心不变，上体右转，右手随之内旋掌心向下，左掌亦随之外旋掌心转向内，经左膝、右膝移至右肘下方，状如抱球。眼看右肘外一尺二处。（18 式图 76、18 式图 77 正、背）

18 式图 76

18 式图 77 正

18 式图 77 背

17. 左足前迈：由上式，重心不变，沉右肩坠右肘松右胯，左足经右足内侧向前迈出，足跟着地，足尖翘起，两掌姿势不变。目视左足方向。（18 式图 78、图 79）

18 式图 78　　　　　　　　　18 式图 79

18. 左掌前掤：由上式，目视左前方，随即重心前移成左弓步，同时左掌外旋向左前方伸移，掌心向上，右手亦随之向前移至左手脉门处，掌心向下。（18 式图 80）

19. 左掌反采：由上式，重心后移，右腿曲膝坐胯，成右坐步式，左足尖翘起，同时左手上举。（18 式图 81）

18 式图 80　　　　　　　　　18 式图 81

20. 右掌前按：由上式，左手随即内旋横置于头顶上方，掌心斜向上，上体微右转，右手随平移至膻中穴，复再横移至左腋下（18 式图82、图83）；随即重心前移成左弓步，左掌位置、姿势均不变，右掌随之从左腋下经左肘向正前方环推，目视正前远方（18 式图84）。

| 18 式图 82 | 18 式图 83 | 18 式图 84 |

21. 左掌右转：由上式，重心不变，右足跟内收，左足尖内扣（18 式图85正、背）；上体同时随之极力向右转至极限，右手外旋掌心向上，置于左腋下，左掌之食指追找右耳垂后面的翳风穴，掌心向外。两掌上下如双龙反向绕身盘旋，重心始终在左腿。目视右后方。（18 式图86）

| 18 式图 85 正 | 18 式图 85 背 | 18 式图 86 |

22. 左掌回捋：由上式，重心与右掌姿势不变，左掌按原路线向左后方回伸。目视方向不变。（18式图87）

23. 左按右撤：由上式，重心不变，左掌微下按，转头回看左后远方，左掌追眼神（18式图88）；随即看左掌，两掌下按，右足后撤，成左弓步（18式图89）。

18式图87　　　　　　　18式图88　　　　　　　18式图89

24. 右掌斜掤：由上式，重心右移，成右弓步。上体随之右转，右掌同时臂外旋亦随之向右前上方伸展移动，掌心向上。左手随动，手心向下，置于右腕脉门处。目平视右掌前上方。（18式图90）

25. 右掌反采：由上式，重心后移，左腿曲膝坐胯，成左坐步式，右足尖翘起；同时右手上举，随即内旋横置于头顶前上方，掌心斜向上。目视右上方。（18式图91）

26. 左掌前按：由上式，上体微左转，左手随移至膻中穴，复再横移至右腋下（18式图92、图93）；随即重心前移成右弓步，右掌位置、姿势均不变，左掌随之从右腋下经右肘向正前方环推，目视正前远方（18式图94）。

18 式图 90

18 式图 91

18 式图 92

18 式图 93

18 式图 94

第7式　肘底看捶 （3动）

1. 两掌前伸：由上式，重心不变，两掌同时向斜上方伸够，同时左足向前迈步，足跟着地，足尖翘起。目平视前远方。（18 式图 95）

2. 左弓下按：由上式，重心前移，左膝前弓，成左弓步，两掌顺势向后捋。捋至左手与尾骶骨平行，右手到左膝外侧，小腹落在左大腿根上。目平视前远方。（18 式图 96 正、背）

18 式图 95　　　　　　18 式图 96 正　　　　　　18 式图 96 背

3. 左拳上提：由上式，重心后移，右腿曲膝坐胯，成右坐步式，左足尖上翘（18 式图 97）；左掌于身后握拳上提至胸前，拳心向后（18 式图 98）；随即右移，左拳中指与鼻尖前后相对，右手握拳虎口贴于左肘下，目视左前上方（18 式图 99）。

18 式图 97　　　　　　18 式图 98　　　　　　18 式图 99

第 8 式　正单鞭（2 动）

1. 变勾开步：由上式，左足内扣，上体右转，右拳变掌随转体外旋移至右前上方，掌心向上（18 式图 100）；随即内旋手腕上提变勾，虎口与右侧太阳穴相平，左手心向内，中指轻抵脉门，沉右肩坠右肘松右胯，左足向左微移，目视右手（18 式图 101）。

18 式图 100

18 式图 101

2. 左掌平按：由上式，重心移于左腿，左掌心向内立掌，从右肩前向左平移至左肩前上方时内旋，掌心向外，掌跟着力，掌指上竖，两腿成左弓步式（18 式图 102）；随即重心右移，成马步式，两掌姿势不变，但意念在右腿（18 式图 103）。

18 式图 102

18 式图 103

第 9 式　下势（5 动）

1. 两臂分展：由上式，重心右移成右弓步，左右两臂顺势向两侧平展，两掌手心向下。目视右掌方向。（18 式图 104）

2. 右掌前掤：由上式，重心左移成左弓步，右掌顺势前移与左掌相平，两掌心相对，随即两腕上提，两掌心转向下。目平视前远方。（18 式图 105）

18 式图 104   18 式图 105

3. 两掌回捋：由上式，重心后移，右腿曲膝坐胯，两掌同时回搂至胸前。目平视前远方。（18 式图 106）

4. 右肘平顶：由上式，上体右转，右腿曲膝下坐，左腿向左后仆伸。右臂曲肘（手心找右肩井）右顶，左臂向左后方平展，掌心向下。目视右肘方向。（18 式图 107）

18 式图 106   18 式图 107

5. 两掌下按：由上式，两掌同时由左向右平移至右前方，随即上体微左转，右胯下坐，左腿仆伸，两掌如鹰捕兔，盘旋下按至两膝前下方（18 式图 108）；随即上身直立，目平视前远方（18 式图 109）。

18 式图 108

18 式图 109

第 10 式　上步七星（2 动）

1. 右掌下插：由上式，左腿前弓成左弓步，同时右掌外旋，掌心向上从左掌下方向左膝前斜下方穿插。目视右掌方向。（18 式图 110）

2. 两掌交叉：由上式，左掌向上移至右肩前，随即右足、右手同时前移，右足跟着地，足尖翘起，右掌置于左掌下方，两手腕交叉置于胸前。目平视前远方。（18 式图 111）

18 式图 110

18 式图 111

第 11 式　退步跨虎（5 动）

1. 撤步按掌：由上式，两掌左右平分下按，同时右足后撤成左弓步，两掌置于左膝前略高于膝。随即重心后移，右腿曲膝坐胯，两掌下按。目视前下方。（18 式图 112、图 113）

18 式图 112　　　　　　　　　18 式图 113

2. 两掌回捋：由上式，两掌内合，上体右转，两掌随之移到右膝外侧，掌指向下。目视右下方。（18 式图 114、图 115）

18 式图 114　　　　　　　　　18 式图 115

3. 两掌合下：由上式，两下肢姿势不变，两掌姿势亦不变，同时移至左足外上方。目视左下方。（18式图116）

18 式图 116

4. 右提左勾：由上式，重心不变，上体右转，右掌松腕上提至右耳前，左手撮指后勾。目视左手方向。（18 式图 117）

5. 前掌后勾：由上式，重心不变，上体立身右转。随即右掌向前伸，沉肩坠肘，四指直伸，大指上竖；左勾手不变，尽量上举至左肩关节到极限，目视右掌方向。随即左转身，左腿松腰坐胯，左足收至右足前，足尖着地，目平视左前远方。（18 式图 118）

18 式图 117

18 式图 118

第 12 式　回身扑面掌（3 动）

1. 右掌右伸：由上式，下体和左掌姿势不变，上体右转，右掌随之向右前方平伸，掌心向下。目视右掌方向。（18 式图 119）

2. 蓄势待发：由上式，下体姿势不变，松腰松胯右手回收掌心向上，意想摸左小腹，左手同时回收至左肩上方，掌心向下。目平视前远方。

（18式图 120）

3. 左掌前按：由上式，左腿提膝上步，随即前弓成左弓步，同时左手臂内旋，向前拍按，右掌心向上置于左腋下。目视左掌方向。（18式图 121）

| 18 式图 119 | 18 式图 120 | 18 式图 121 |

第13式　转身摆莲 （4动）

1. 左掌右转：由上式，重心不变，扣左足，上体向右后拧转，左手随之回收至右肩外侧。目视右后方。（18式图 122）

2. 两掌沉采：由上式，重心不变，右手上举至头前上方，随即内旋向右后方劈按，左腿曲膝坐胯。目视右后方。（18式图 123）

| 18 式图 122 | 18 式图 123 |

3. 右足右摆：由上式，重心和两掌姿势不变，右腿曲膝上提，目视左前上方（18 式图 124）；随即旋腰转胯使右足向上，由左前方向右前上方弧形摆动，同时两掌由右上方经右胯右膝与右足背于空中相击（18 式图 125）。

4. 左摆右落：由上式，重心不变，右足向右前方落地，左右两掌同时向左后方摆动，左腿曲膝下坐。目视左后方。（18 式图 126）

18 式图 124   18 式图 125   18 式图 126

第 14 式　弯弓射虎（8 动）

1. 两掌右摆：由上式，重心右移成右弓步，两掌随之向右后方摆动至左掌垂于右膝外侧，右掌垂与尾骶骨平行处。目视右后方。（18 式图 127）

2. 两拳上提：由上式，重心不变，两手握拳上提至与肩平，拳面向上，两拳眼相对，与肩同宽。目视右拳的食指根节。（18 式图 128）

3. 两拳俱发（右）：由上式，重心不变，拧腰坐胯，两拳前伸，拳面朝前，拳眼相对。目视前远方。（18 式图 129）

4. 两拳右摆：由上式，重心不变，上体右转，两拳同时向右后摆动至与肩平。目视右后方向。（18 式图 130）

5. 左足前迈：由上式，重心不变，左足向右足靠拢，两拳姿势不变，目视左前方（18 式图 131）；随即向左前方迈出，足跟着地，足尖翘起，左右两拳同时变掌，位置不变，目视方向不变（18 式图 132）。

18 式图 127

18 式图 128

18 式图 129

18 式图 130

18 式图 131

18 式图 132

6. 两掌左摆：由上式，重心前移，成左弓步，同时上体左转（18 式图 133）；两掌亦随之向左后方摆动至右掌垂于左膝外侧，左掌垂于与尾骶骨平行处，目视左后方（18 式图 134）。

7. 两拳上提：由上式，重心不变，两手握拳上提至与肩平，拳面向上，两拳眼相对，与肩同宽。目视左拳的食指根节。（18 式图 135）

8. 两拳俱发（左）：由上式，重心不变，拧腰坐胯，两拳前伸，拳面朝前，拳眼相对。目视前远方。（18 式图 136）

18 式图 133

18 式图 134

18 式图 135

18 式图 136

第 15 式　卸步搬拦捶 （7 动）

1. 右坐左掩：由上式，重心右移，右腿曲膝坐胯，成右坐步式，左足尖翘起。两拳不变，左肘外旋找右膝，右拳置于左肘内侧，左拳心向上，右拳心向下。目视左前上方。（18 式图 137）

2. 左撤右搬：由上式，上体左转，左拳撤肘后收，右腕擦着左小臂内侧向右前方舒伸变掌，同时左足后收至右足内侧（18 式图 138）；随即左足再继续后撤，成右弓步。右掌意念向前远方伸展，目视右前方（18 式图 139）。

传统吴式简化太极拳 18 式一

3. 左坐右掩：由上式，重心左移，左腿曲膝坐胯，成左坐步式，右足尖翘起；同时右臂外旋右肘找左膝，掌心向上，左掌扶于右臂弯处。目视右前上方。（18 式图 140）

4. 右撤左搬：由上式，下体姿势不变，上体右转，右足经过左足内侧向右后方撤一大步，同时右肘后撤，左掌沿右小臂内侧经掌心向左前方伸展，掌心向下，右手置于左肘内侧。目平视左前方。（18 式图 141、图 142）

18 式图 137　　　　　18 式图 138　　　　　18 式图 139

18 式图 140　　　　　18 式图 141　　　　　18 式图 142

5. 左掌回捋：由上式，右腿曲膝坐胯，重心后移成右坐步式，左足尖翘起。同时上体左转，左掌回捋至左肋下，右掌姿势不变托于左臂下。目视正前方。（18 式图 143 正、背）

6. 左掌右拦：由上式，下体姿势不变。上体右转，右手握拳向右后回拉至右肋下，拳心向内，左掌同时前伸掌心向右前方，横移至右膝上方微停。右腿松腰坐胯，右臂沉肩坠肘，同时左掌内旋前伸，随即上立。目平视前远方。（18 式图 144、图 145）

7. 右拳平冲：由上式，重心前移成左弓步，同时左掌立掌后移至胸前，右拳同时贴左掌心向前平冲。目平视前远方。（18 式图 146）

18 式图 143 正

18 式图 143 背

18 式图 144

18 式图 145

18 式图 146

第16式　如封似闭（2动）

1. 两掌分搁：由上式，重心后移，右腿曲膝坐胯成右坐步式，左足尖翘起，同时左掌背移贴于右大臂外侧，右拳姿势不变（18式图147）。随即右肘立肘，臂外旋，以肘尖由右向左再向右，从左掌背绕行至左掌内侧，沉肘贴于右胁前（18式图148）。右拳变掌，掌心向内，左掌上移，两掌交叉于胸前（18式图149）。随即两掌向两侧平移，两掌心向后置于两耳旁（18式图150）。

2. 两掌平按：由上式，重心前移成左弓步，两掌内旋掌心朝前，同时向前推出，目视正前方。（18式图151）

18式图147

18式图148

18式图149

18式图150

18式图151

第 17 式　抱虎归山 （3 动）

1. 两掌下按：由上式，重心不变，两掌同时向下平按于左膝前。（18 式图 152）

2. 两掌横分：由上式，两掌内旋，上体右转，同时收右足跟，左掌心向后，右掌心向下，目视右下方（18 式图 153）。随即上体右转，重心右移，成右弓步。右掌随之向右横拨，大指朝下，掌心反向外，两臂成斜下分展式，意念在右手，目视右掌方向（18 式图 154）。

3. 两掌翻转：由上式，重心、姿势均不变，上身直立，两掌同时外翻，掌心朝天。目视右掌方向。（18 式图 155）

18 式图 152

18 式图 153

18 式图 154

18 式图 155

第 18 式　十字手、收式（9 动）

十字手（4 动）

1. 两掌上掤：由上式，重心不变，以右手为主导，两臂向上平举。目视前上方。（18 式图 156）

2. 两臂上举：上动不停，两臂上举，两腿随之直立，两足平立与肩同宽。目视前上方。（18 式图 157）

3. 两掌交叉：由上式，两掌于头顶上方十字交叉，左掌在外，右掌在内，两掌心均向内。（18 式图 158）

| 18 式图 156 | 18 式图 157 | 18 式图 158 |

4. 两肘沉采：由上式，姿势不变，曲膝坐胯成马步，沉肩坠肘，使交叉之两掌随降至胸前。（18 式图 159）

收式（合太极）（5 动）

1. 两肘平分：由上式，姿势不变，重心右移，随之两手心找肩井穴，使立肘并自然向两侧分顶，意念在右肘。目视右肘方向。

18 式图 159

（18 式图 160）

2. 合太极（三指环接）：由上式，姿势不变，松肩坠肘两掌指约于胸前一尺处慢慢环接，同时左足向右足靠拢。环接之食指相接看食指，中指相接看中指，大指相接看大指。两掌心斜向前。（18 式图 161）

3. 环指平移：上动不停，两手环接不变，向后平移至胸前，至鼻尖对着大环中央时，想象鼻子上有一根线，线上系着一个小棉花球，两膝微微下蹲，棉花球随着身体下降；在刚要接触地面时，慢慢抬起头来，棉花球亦随之向上收提，以致化为乌有。（18 式图 162）

4. 三环套月：由上式，姿势不变，两掌臂内旋，使两手心贴于小腹，使肚脐置于大指、食指所接之大环中央（18 式图 163）；随即抬头目视前方（18 式图 164）。

5. 太极还原：由上式，两肘内合贴于两侧肌肤，随即两掌向下滑移，待中指到两小腹下角处（气冲穴）时，用意点按一下气冲穴（18 式图 165）；两掌继续向下滑移，待中指垂直于两大腿外侧风市穴时，用意再点按一下风市穴。待风市穴有热感时，用意将其热量收回丹田，慢慢地恢复到练拳初始的状态。（18 式图 166）

18 式图 160

18 式图 161

18 式图 162

18 式图 163

18 式图 164

18 式图 165

18 式图 166

传统吴式简化太极拳28式

28 式名目

预备式（1 动）

第 1 式　起式（5 动）

    左足横移

    两足平立

    两腕前掤

    两掌下采

    蹲身下按

第 2 式　揽雀尾（8 动）

    左抱七星

    右掌打挤

    右抱七星

    左掌打挤

    右掌回将

    右掌前掤

    右掌后掤

    右掌前按

第 3 式　左右搂膝拗步（4 动）

    左搂膝拗步

    右提左按

    右掌前按

    右搂膝拗步

    右掌下按

    左掌前按

第 4 式　左右手挥琵琶（8 动）

    右琵琶式

    左掌回将

    右掌前掤

    右掌平按

    右掌上掤

    左琵琶式

    右掌回将

    左掌前掤

左掌平按

左掌上掤

第5式　左右野马分鬃（6动）

左分鬃式

左掌回将

左足前迈

左肩左靠

右分鬃式

右掌回将

右足前迈

右肩右靠

第6式　左右玉女穿梭（10动）

左穿梭式

右掌翻转

左足前迈

左掌斜掤

左掌反采

右掌前按

右穿梭式

左掌翻转

右足前迈

右掌斜掤

右掌反采

左掌前按

第7式　肘底看捶（3动）

两掌前伸

左弓下按

左拳上提

第8式　左右金鸡独立（13动）

左独立式

左弓回顾

右掌前指

右掌上掤

左掌前指

左掌下指

右提远眺

右独立式

左屈右落

右弓回顾

左掌前指

左掌上掤

右掌前指

右掌下指

左提远眺

第9式　左右倒撵猴（5动）

左倒撵猴

独立反按

左撤左按

右倒撵猴

右提左按

左展右收

左弓右按

第10式　左右斜飞式（8动）

右斜飞式

左弓斜飞

右按左推

右足前迈

右肩打靠

左斜飞式

右弓斜飞

左按右推

左足前迈

左肩打靠

第11式 左右分脚（12动）

右分脚

左弓左抱

右臂圈挽

两掌交叉

两臂高举

右膝上提

展臂右分

左分脚

右弓左抱

左臂圈挽

两掌交叉

两臂高举

左膝上提

展臂左分

第12式 双峰贯耳（3动）

左落右弓

坐步后掤

两拳相对

第13式 披身蹬脚（4动）

右搬撑拳

歇步交叉

两臂高举

展臂左蹬

第14式 回身蹬脚（5动）

拗步展臂

蹲身回望

上体左转

右膝上提

回身右蹬

第15式 扑面掌（4动）

落步左盖

右弓穿按

左进右按

左弓穿按

第16式 十字腿（5动）

左扣右转

左掌继转

右膝上提

右脚右摆

左摆右落

第17式 里外云手（7动）

里云手

左里云手

右里云手

左里云手 左掌右转

外云手 两掌沉采

左外云手 右膝上提

右外云手 右足右摆

左外云手 左摆右落

右云上提 第24式 弯弓射虎（8动）

第18式 正单鞭（1动） 两掌右摆

第19式 下势（5动） 两拳上提

两臂分展 两拳俱发（右）

右掌前掤 两拳右摆

两掌回将 左足前迈

右肘平顶 两掌左摆

两掌下按 两拳上提

第20式 上步七星（2动） 两拳俱发（左）

右掌下插 第25式 卸步搬拦捶（7动）

两掌交叉 右坐左掩

第21式 退步跨虎（5动） 左撤右搬

撤步按掌 左坐右掩

两掌回将 右撤左搬

两掌合下 左掌回将

右提左勾 左掌右拦

前掌后勾 右拳平冲

第22式 回身扑面掌（3动） 第26式 如封似闭（2动）

右掌右伸 两掌分搁

蓄势待发 两掌平按

左掌前按 第27式 抱虎归山（3动）

第23式 转身摆莲（5动） 两掌下按

両掌横分　　　　　　　　　　両肘沉采

両掌翻転　　　　　　　　　　収式（合太极）

第28式　十字手、収式（9动）　両肘平分

十字手　　　　　　　　　　　三指环接

　两掌上掤　　　　　　　　　环指平移

　两掌上举　　　　　　　　　三环套月

　两掌交叉　　　　　　　　　太极还原

28 式讲解

动作图解

传统吴式简化太极拳 28 式，是根据当今流行的太极拳比赛或表演的时间要求，精选传统吴式太极拳套路中具有代表性的经典动作重新组合而成的。这一套路，共 28 个式子（不含预备式），每式由若干动作组成，共 160 动。这个套路较之初学入门的 18 式难度增加了很多，其中，除增加了一些含有多种腿法的式子外，一些重点招式也由单侧练习改为左右双侧练习，如手挥琵琶、斜飞式、云手等。这样一来，难度当然高了，但健身效果和练拳的趣味性也与前面的 10 式、18 式大不相同。整个套路的表演可控制在 5 分钟左右；如果需要再行压缩时间，还可将部分动作的双侧练习改为单侧练习，那就可以控制在三分钟左右了。

预备式 （1 动）

两足并立，两掌自然下垂，舌抵上腭，喉头找大椎，目平视前远方，同时想象周身骨节断开，肌肉放松，着意丹田。(28 式图 1)

第1式 起式（5动）

1. 左足横移：由上式，左膝松力、微曲，重心随之右移，鼻子尖与右足大趾尖上下垂直，尾骶骨与右足跟上下垂直，重心完全垂直于右腿后，意想右侧沉肩坠肘，松腰松胯，目向前远方巡视。此时，左足会有虚起之感。随即想一下右膝后面的委中穴，右手小指向右踝骨外侧10厘米处以意指地。此时，左足会自动向左横移，在右掌小指控制下，左足大趾轻轻着地。（28式图2）

28 式图 1

2. 两足平立：上动不停，意想右掌无名指指地，左足二趾着地；意想右手中指指地，左足中趾着地；意想右手食指指地，左足四趾着地；意想右手大指指地，左足小趾着地；意想右手四指根落地，左脚掌着地；意想右手心落地，左足心着地；意想右掌跟落地，左足跟着地。左足从大趾开始在右手的控制下按要求依次落地后，会自动出一口很痛快的气，横膈膜感到非常松舒。（28式图3）

3. 两腕前掤：由上式，意想两肾间的命门穴，两掌自会向前移动；随即再想两脚下的涌泉穴，两脚十趾会有抓地之感，两手十指也会有回收之意；顺势再想一下两掌腕中间的大陵穴，十指自会撮拢回够；随即意想两腋下之极泉穴，两大臂自会有上抬之感；随想两肘内侧的少海穴，两小臂自会上抬——待两腕上抬至高于肩低于耳时，胸中会有空畅感和饥饿感。（28式图4）

4. 两掌下采：由上式，先想一下两掌心的内劳宫穴，十指会自然舒展，两掌则会有如在水中按球之感（28式图5）。随即再意想两手背上之外劳宫穴，则两掌似有重物下坠，自然向下降落（28式图6）。待两掌降至与肚脐相平，身体有前倾之感时，意想两肘前上方的曲池穴，两掌自会平收于腹前两膝上方，有如同浮在水面上或扶在沙发扶手上，感觉小腹沉实（28 式图 7）。

5. 蹲身下按：由上式，待两掌降至两膝上方时，上体有欲向后仰之感时，想两肩上方的肩井穴，两腿自会曲膝坐胯。待两掌随曲膝坐胯降至两大腿外侧，两掌大指对准风市穴时，起式完成。（28 式图 8）

28 式图 2　　　　　　28 式图 3　　　　　　28 式图 4

28 式图 5　　　28 式图 6　　　28 式图 7　　　28 式图 8

第 2 式　揽雀尾（8 动）

1. 左抱七星：由上式，上体右移，待重心完全垂直于右腿时，沉右肩、坠右肘，左掌沉肘沿下弧线自动向右足前上方推移至大指与鼻子尖

前后对照（28式图9）。随即臂外旋，左掌心转向内，手心斜向上，大指
肚对正鼻子尖（28式图10）。随即右手上抬置于左肘内侧（28式图11）。
左足向前迈出一步，足跟着地，足尖翘起，目视左掌食指（28式图12）。

2. 右掌打挤：由上式，重心左移，左膝前弓，右腿后伸成左弓步；
同时左臂内旋掌心转向内，平横于胸前，右掌同时从左臂弯平移至左手
脉门处，掌心贴脉门，掌指上竖。（28式图13）

28式图9

28式图10

28式图11

28式图12

28式图13

3. 右抱七星：由上式，重心不变，目视右前远方，同时旋腰坐胯上
体右转，左足尖内扣（28式图14）。左掌食指追眼神，右手顺势沿左手
大指斜面前伸，亦追眼神（28式图15）。随即右臂外旋，手心斜向上，

左掌回移至右臂弯处（28 式图 16）。随即沉左肩，坠左肘，右足前迈，将足跟前移至原足尖处，右足尖上翘（28 式图 17）。

4. 左掌打挤：由上式，重心右移，右膝前弓，左腿后伸成右弓步。同时右臂内旋食指对左眉梢，掌心转向内，平横于胸前，左掌同时从右臂弯平移至右手脉门处，掌心贴脉门，掌指上竖。目平视前远方。（28 式图 18）

28 式图 14　　　　　　　　　　　28 式图 15

28 式图 16　　　　　28 式图 17　　　　　28 式图 18

5. 右掌回捋：由上式，重心不变，右掌内旋前伸，手心向下，左手心顺势翻转向上，置于右手脉门处（28 式图 19）。随即右足蹬力，左腿曲膝后坐，右掌回捋至右胯旁（28 式图 20）。随即松腰坐胯，继续右转，右足尖上翘，上体再向右转至极限，左手四个手指肚轻托于右手脉门处，眼神随视右肘方向，复再看左前方（28 式图 21 正、背）。

28 式图 19

28 式图 20

28 式图 21 正

28 式图 21 背

6. 右掌前掤：由上式，重心不变，左手内旋以意带动右手外旋，掌心转向上，左手心向下扶于右手脉门处（28 式图 22）。随即左手拉着右手随着上体顺势左转，移至左胯前，右足落平，目视左手背（28 式图 23）。随即目视右前方，重心右移，成右弓步，同时右手前伸追眼神，左掌相随，两掌朝向和上下位置不变（28 式图 24）。

7. 右掌后掤：由上式，两掌姿势不变，重心后移，左腿曲膝下坐，右足尖翘起；上体随之右转，两掌随着转至右手大指和食指与右小眼角

成一条直线。目视右后方。（28 式图 25 正、背）

8. 右掌前按：由上式，重心不变，上体左转，右足尖内扣，足尖朝前，平落地面（28 式图 26）。随即重心右移，曲膝坐胯重心完全移于右腿，右手大指从右嘴角画向左嘴角（28 式图 27）。随即背向后倚，右掌再向左前方前按出，左掌相随姿势不变，掌指扶于右掌脉门处（28 式图 28）。上动不停，再向右平移至右前方，左手姿势不变仍轻扶于右手脉门处，目视右手食指（28 式图 29）。

28 式图 22

28 式图 23

28 式图 24

28 式图 25 正

28 式图 25 背

28 式图 26

28 式图 27   28 式图 28   28 式图 29

三、 左右搂膝拗步 （4 动）

左搂膝拗步 （2 动）

1. 右提左按：由上式，重心不变，沉右肩，坠右肘，右掌、左手姿势均不变，同时下降（28 式图 30）。随即右手松腕上提至右肩前，上体左转，左胯左膝回收，左手随之内旋向左膝外侧下按，目视左掌中指（28 式图 31）。

28 式图 30   28 式图 31

2. 右掌前按：由上式，重心不变，左足向左掌心下方横移，足跟着地，足尖上翘，目视方向不变（28 式图 32）。随即竖腰立顶，目视前远方（28 式图 33）。

28 式图 32

28 式图 33

随即重心前移成左弓步，右掌以无名指引导，由右肩上方经过口，向右足前上方平穿，掌心朝下（28 式图 34）。随即左掌沉肩坠肘以意扒地，右手在左掌的催动下，螺旋向左足前上方横按，虎口朝上，目平视远前方（28 式图 35）。

28 式图 34

28 式图 35

右搂膝拗步（2 动）

1. 右掌下按：由上式，重心不变，上体左转，左手松腕上提至左耳旁。眼神先看左手，随即再看右前下方。右手同时下按。（28 式图 36）

2. 左掌前按：由上式，重心不变，上体右转，沉左肩坠左肘，右足经左足内侧（28式图37）向右前方迈出，足跟着地，足尖翘起，目视右掌（28式图38）。随即竖腰立顶，目视前远方（28式图39）。随即重心前移成右弓步，左掌以无名指引导，由左肩上方经过口，向左足前上方平穿，掌心朝下（28式图40）。随即重心前移成右弓步，意在伏兔穴，右掌沉肩坠肘以意扒地，催动左手向右足前上方横按，虎口朝上，目平视远前方（28式图41）。

28式图36

28式图37

28式图38

28式图39

28式图40

28式图41

第4式 左右手挥琵琶 (8动)

右琵琶式 (4动)

1. 左掌回捋：由上式，前脚蹬力，重心后移，左腿曲膝下坐。左手沉肩坠肘，顺势沿右腿方向螺旋向胸腹前移动，掌根下沉，掌心向内。右足尖翘起，右掌置于右胯右后方。目平视前方。(28式图42)

2. 右掌前掤：由上式，重心不变，身体微向左转，左掌臂内旋掌心向下，右掌同时外旋手心斜向上，于左肘、掌下方向前上方穿伸，左掌同时与之相搓，后撤至右肘内侧。(28式图43)

3. 右掌平按：由上式，重心前移，成右弓步。同时右臂内旋平衡于胸前，掌心向下，左掌同时外旋掌心向上扶托于右肘下方。目平视前远方。(28式图44)

28式图42　　　　　28式图43　　　　　28式图44

4. 右掌上掤：由上式，重心不变，右掌向右前方伸展，随之外旋，使掌心向上，沉肩、坠肘、松胯，有上托之意。目视右前上方。(28式图45)

重心不变，右掌随即上托，带动右腿直立，左足亦随之向右足靠拢，左掌向后沉肩坠肘，移于左肋下。目视右掌方向。(28式图46)

28 式图 45　　　　　　　　　　28 式图 46

左琵琶式（4 动）

1. 右掌回抭：由上式，右腿曲膝下坐，右手内旋向后沉采置于右胸前。（28 式图 47）

2. 左掌前掤：由上式，重心不变，身体微向右转。右掌臂内旋掌心向下，左掌同时外旋手心斜向上，于右肘、掌下方，向前上方穿伸，右掌同时与之相搓撤至左肘内侧。随即左足前迈，足尖翘起。（28 式图 48）

3. 左掌平按：由上式，重心前移，成左弓步，同时左臂内旋平横于胸前，掌心向下，右掌同时外旋掌心向上扶托于左肘下方。目平视前远方。（28 式图 49）

28 式图 47　　　　　28 式图 48　　　　　28 式图 49

4. 左掌上掤：由上式，重心不变，左掌向左前方伸展（28式图50）；随即外旋，使掌心向上，沉肩、坠肘、松胯，有上托之意，重心不变，左掌继续上托，带动右足向左足靠拢，左腿直立，右掌向后沉肩坠肘，移于右肋下，重心仍在左腿，目视左掌方向（28式图51）。

28式图50

28式图51

第5式　左右野马分鬃 （6动）

左分鬃式（3动）

1. 左掌回捋：由上式，重心回到右腿，右腿曲膝下蹲，右掌上托外推于左耳旁，左手随右手上托同时下降至左胯前。目视左前方。（28式图52）

2. 左足前迈：由上式，重心和姿势均不变，左足向左前方迈进一步，足跟着地，足尖翘起，目视左足（28式图53）；随即竖腰立顶，目视左前方（28式图54）。

28式图52

28 式图 53　　　　　　　　　　28 式图 54

3. 左肩左靠：由上式，重心前移成左弓步，左手向左前上方外旋伸举至左手大指与左侧太阳穴平行时，同时右手前移与左手脉门相贴（28式图 55）。随即回头向右足外侧远方看，右手随之向眼神一致的斜下方向移动，两掌前后分展但要相互牵拉助力，意在左肩，左胯向左腿上松坐，拧颈回头目视右掌方向，右掌心与右踝骨上下相合（28 式图 56）。

28 式图 55　　　　　　　　　　28 式图 56

右分鬃式（3 动）

1. 右掌回捋：由上式，重心和姿势均不变，上体左转，右掌随转腰之势降落，经右膝外侧、左膝内侧，向左膝外侧垂伸；左掌亦随之移至

右耳外侧，成左弓步。目视左膝外侧。(28 式图 57)

2. 右足前迈：由上式，重心和姿势均不变，沉左肩坠左肘，上体微向右转；随即右足经左足内侧前迈，目视右足 (28 式图 58、图 59)。随即竖腰立顶，目视右前方 (28 式图 60)。

28 式图 57   28 式图 58   28 式图 59   28 式图 60

3. 右肩右靠：由上式，重心前移成右弓步，右手向右前上方外旋伸举至右手大指与右侧太阳穴平行时，同时左手前移与右手脉门相贴 (28 式图 61)。随即回头向左足外侧远方看，左手随之向眼神一致的斜下方向移动，两掌前后分展但要相互牵拉助力，意在右肩，右胯向右腿上松坐，拧颈回头目视左掌方向 (28 式图 62)。

28 式图 61   28 式图 62

第6式　左右玉女穿梭（10动）

左穿梭式（5动）

1. 右掌翻转：由上式，重心不变，上体右转，右手随之内旋掌心向下，左掌亦随之外旋掌心转向内，经左膝、右膝移至于右肘外下方，状如抱球，眼看右肘外一尺二处。（28式图63）

2. 左足前迈：由上式，重心不变，沉右肩坠右肘，松右胯。左足经右足内侧向前迈出，足跟着地，足尖翘起，两掌姿势不变。目视左足方向。（28式图64、图65）

| 28式图63 | 28式图64 | 28式图65 |

3. 左掌斜挪：由上式，抬头看左前方，重心前移成左弓步。同时左掌外旋向左前方伸移，掌心向上，右手亦随之向前移至左手脉门处，掌心向下。目视方向不变。（28式图66）

4. 左掌反采：由上式，重心后移，右腿曲膝坐胯，成右坐步式，左足尖翘起，同时左手上举。（28式图67）

5. 右掌前按：由上式，左手内旋横置于头顶上方，掌心斜向上。上体微右转，右手随平移至膻中穴，复再横移至左腋下（28式图68、图69）。随即重心前移成左弓步。左掌位置、姿势均不变，右掌随之从左腋下，经左肘向正前方环推，目视正前远方（28式图70）。

28 式图 66

28 式图 67

28 式图 68

28 式图 69

28 式图 70

右穿梭式（5动）

1. 左掌翻转：由上式，重心不变，上体左转，左掌随降至左肩前，掌心向下，右掌亦随之外旋掌心转向内，至于左肘外下方，眼看左肘外一尺二处。（28 式图 71）

2. 右足前迈：由上式，重心不变，沉左肩坠左肘，松左胯。右足经左足内侧向前迈出，足跟着地，足尖翘起，两掌姿势不变。目视右足前

方。(28 式图 72、图 73)

28 式图 71

28 式图 72

28 式图 73

3. 右掌斜掤：由上式，抬头看右前方，重心前移成右弓步。同时右掌外旋向右前方伸移，掌心向上，左手亦随之向前移至右手脉门处，掌心向下。目视方向不变。(28 式图 74)

4. 右掌反采：由上式，重心后移，左腿曲膝坐胯，成左坐步式，右足尖翘起。同时右手上举内旋，置于头顶前上方，掌心斜向上。目视右上方。(28 式图 75)

28 式图 74

5. 左掌前按：由上式，右手随即内旋横置于头顶上方，掌心斜向上，上体微左转，左手随平移至膻中穴，复再横移至右腋下 (28 式图 76、图 77)。随即重心前移成右弓步。右掌位置、姿势均不变，左掌随之从右腋下经右肘向正前方环推，目视正前远方 (28 式图 78)。

28 式图 75

28 式图 76

28 式图 77

28 式图 78

第 7 式　肘底看捶（3 动）

1. 两掌前伸：由上式，重心不变，两掌同时向斜上方伸够。同时左足向前迈步，足跟着地，足尖翘起。目平视前远方。（28 式图 79）

2. 左弓下按：由上式，重心前移，左膝前弓，成左弓步，两掌顺势向后将。将至左手与尾骶骨平行，右手到左膝外侧，小腹落在左大腿根

上。目平视前远方。（28 式图 80 正、背）

28 式图 79   28 式图 80 正   28 式图 80 背

3. 左拳上提：由上式，重心后移，右腿曲膝坐胯，成右坐步式，左足尖上翘（28 式图 81）。左掌于身后握拳上提至胸前，拳心向后（28 式图 82）。随即右移，左拳中指与鼻尖前后相对，右手握拳虎口贴于左肘下，目视左前上方（28 式图 83）。

28 式图 81   28 式图 82   28 式图 83

第 8 式　左右金鸡独立 （13 动）

左独立式 （6 动）

1. 左弓回顾：由上式，重心前移，成左弓步。上体左转，回头看右足。左拳变掌，掌心向上置于右肩前；右拳变掌内旋，虎口张开，掌心向下，欲要抓握右足腕。（28 式图 84）

2. 右掌前指：由上式，上身直立，目视前远方，右掌亦同时直臂前伸，追眼神。（28 式图 85）

3. 右掌上掤：左腿直立，目视天空，同时右掌向上，直臂指天，追眼神。（28 式图 86）

4. 左掌前指：由上式，重心、姿势均不变，随即目视前远方，左掌亦同时直臂前伸，追眼神。（28 式图 87）

5. 左掌下指：由上式，重心、姿势均不变，左掌顺势下指，目视前远方。（28 式图 88）

6. 右提远眺：由上式，左掌与眼神刚一相接，随即分开，眼看地面，左掌追眼神，降落指地。随即右腿曲膝上提，右足心找左掌指。右臂姿势不变，目平视前远方。（28 式图 89）

28 式图 84

28 式图 85

28 式图 86

28 式图 87　　　　　　28 式图 88　　　　　　28 式图 89

右独立式（7 动）

1. 左屈右落：由上式，两掌姿势不变，左腿曲膝下坐，右足跟轻轻落地，足尖上翘。（28 式图 90）

2. 右弓回顾：由上式，重心前移，成右弓步。上体右转，回头看左足。右掌外旋，掌心向上，置于左肩前；左掌内旋，虎口张开，掌心向下，欲要抓握左足腕。（28 式图 91）

28 式图 90

3. 左掌前指：由上式，上身直立，目视远前方，左掌亦同时直臂前伸，追眼神。（28 式图 92）

4. 左掌上掤：由上式，上体左转，面向正前方，重心前移，右腿直立，目视天空。同时左掌向上直臂指天，追眼神。（28 式图 93）

5. 右掌前指：由上式，随即目视前远方，右掌亦同时直臂前伸，追眼神。（28 式图 94）

28 式图 91

28 式图 92

28 式图 93

28 式图 94

6. 右掌下指：由上式，重心、姿势均不变，右掌顺势下指，目视前下方。(28 式图 95)

7. 左提远眺：由上式，右掌与眼神刚一相接，随即分开，眼看地面。右掌追眼神，降落指地。随即左腿曲膝上提，左足心找右掌指。两掌姿势不变，目视前远方。(28 式图 96)

28 式图 95

28 式图 96

第 9 式　左右倒撵猴 （5 动）

左倒撵猴（2 动）

1. 独立反按：由上式，下肢重心、姿势均不变。右手上托至左膝前，左掌亦随之前伸与右掌虚合，随即右掌向前反按，掌心斜向上；左掌亦同时松腕撮指回收至左肩前，虎口靠近左耳。目视右掌掌根，意在脊背。（28 式图 97）

2. 左撤左按：由上式，右掌内旋掌心向下，意想搂左膝，左膝躲避外摆；

28 式图 97

意想按左足，左足后撤（28 式图 98）。随即右手向右膝外侧扒地下按，左掌同时向前推按，成右弓步，目平视左掌前方（28 式图 99）。

28 式图 98   28 式图 99

右倒撵猴（3 动）

1. 右提左按：由上式，重心左移，右手松腕上提至右耳前，眼看虎口（28 式图 100）。左腿曲膝坐胯，成左坐步式，右足尖上翘，足跟着地，随即眼看右膝，左掌随之下按（28 式图 101）。左掌刚要摸到右膝，立身抬头向前看，左手即离开右膝（28 式图 102）。

28 式图 100   28 式图 101   28 式图 102

2. 左展右收：由上式，左手随眼神摸右胯内侧、左胯内侧、左膝内侧，随即上体左转（28 式图 103）。左手向左后方摆动，眼看左掌方向，右足借势向后收至左足内侧，足尖着地，足跟提起（28 式图 104）。随即上体右转目视前远方，左掌由左后前移追眼神（28式图105）。

28式图103

28式图104

28式图105

3. 左弓右按：由上式，右足后撤左手扒地，右掌前按，成左弓步。目视前远方。（28式图106）

第10式　左右斜飞式 （8动）

右斜飞式 （4动）

1. 左弓斜飞：由上式，重心不变，上体前移，使左下腹部落于左大腿根部。同时左掌和右掌分别向左斜下方、右斜上方推拨，意念在左掌。眼神看右掌斜上方。（28式图107）

28式图106

2. 右按左推：由上式，重心不变，右掌从上向下外旋下按至左膝内侧稍前处，左掌同时由左后方外旋向右推至右肩前。目视右肩方向。（28式图108）

3. 右足前迈：由上式，重心不变，沉左肩，坠左肘。右足向右前方迈出一步，足跟着地，足尖翘起。目视右前下方。（28式图109）

4. 右肩打靠：由上式，重心前移，成右弓步。同时右掌向右前上方伸展，掌心向上，随即沉肩坠肘，两肾间的命门穴找右胯的环跳穴，左掌亦同时向后移至左胯上方，意在右肩。目视左掌方向。(28 式图 110)

28 式图 107

28 式图 108

28 式图 109

28 式图 110

左斜飞式（4 动）

1. 右弓斜飞：由上式，重心不变，上体右转，使右下腹部落于右大腿根部。同时右掌和左掌分别向右斜下方、左斜上方推拨，掌心均反向外，大指朝下，意念在右掌。眼神看左掌斜上方。(28 式图 111)

2. 左按右推：由上式，重心不变，左掌从上向下外旋下按至右膝内

侧稍前处，右掌同时由右后方外旋向左推至左肩前。目视左肩方向。（28
式图 112）

3. 左足前迈：由上式，重心不变，沉右肩，坠右肘。左足向左前方
迈出一步，足跟着地，足尖翘起。目视左前上方。（28 式图 113）

4. 左肩打靠：由上式，重心前移，成左弓步。同时左掌前伸掌心向
上，沉肩坠肘，两肾间的命门穴找左胯的环跳穴，右掌亦同时向后移至
右胯上方，意在左肩。目视左掌方向。（28 式图 114）

28 式图 111

28 式图 112

28 式图 113

28 式图 114

第 11 式　左右分脚 （12 动）

右分脚 （6 动）

1. 左弓左抱：由上式，重心不变，上体左转，左掌随之沉肘后移至左胸前，掌心仍向上，状如托物；右手上提向左移至左臂弯前上方，掌心向下，两掌上下相合，状如抱球。目视右上方。（28 式图 115）

2. 右臂圈挽：由上式，重心不变，上体右转，左掌向左前方伸沉，掌心仍向上（28 式图 116）；同时右掌沿左小臂上方向右，复向内、向下画弧圈挽（28 式图 117）。

28 式图 115　　　　　28 式图 116　　　　　28 式图 117

3. 两掌交叉：由上式，重心不变，右掌圈挽后上提，与左掌于颌下交叉。（28 式图 118）

4. 两臂高举：由上式，重心不变，左膝直立，两掌随之向前上方高举，右足随之靠近左足跟。目视右前方。（28 式图 119）

5. 右膝上提：由上式，重心和两掌姿势不变，右膝上提。（28 式图 120）

6. 展臂右分：由上式，重心不变，两臂分别向左后、右前伸展，两掌大指均朝上，成卧立掌。同时右足向右前方弹踢，崩脚面，足尖着意，意念在左掌指尖。目视右掌方向。（28 式图 121）

28 式图 118

28 式图 119

28 式图 120

28 式图 121

左分脚（6 动）

1. 右弓左抱：由上式，右足落地，右膝前弓，成右弓步。上体右转，右掌外旋，沉肘后移至右胸前，掌心向上，状如托物；左手向右移至右臂弯前上方，掌心向下，状如抱球。目视左上方。（28 式图 122）

2. 左臂圈挽：由上式，重心不变，上体左转，右掌向右前方伸沉，掌心仍向上（28 式图 123）；左掌同时沿右小臂上方向左，复向内、向下画弧圈挽（28 式图 124）。

28 式图 122　　　　　　28 式图 123　　　　　　28 式图 124

3. 两掌交叉：由上式，重心不变，左掌圈挽后上提与右掌于颌下交叉。（28 式图 125）

4. 两臂高举：由上式，重心不变，右膝直立。两掌随之向前上方高举，左足随之靠近右足跟。目视左前方。（28 式图 126）

28 式图 125　　　　　　　　28 式图 126

5. 左膝上提：由上式，重心和两掌姿势不变，左膝上提。（28 式图 127）

6. 展臂左分：由上式，重心不变，两臂分别向右后、左前伸展，两掌大指均朝上，成卧立掌。同时左足向左前方弹踢，崩脚面，足尖着意，意念在右掌指尖。目视左掌方向。（28 式图 128）

28 式图 127

28 式图 128

第 12 式　双峰贯耳（3 动）

1. 左落右弓：由上式，右膝前弓，左足随之后落，成右弓步；随即两掌向前平伸，掌心朝上。目平视两掌前方。（28 式图 129）

2. 坐步后掖：由上式，重心后移，成左坐步式，右足尖翘起，两掌同时向背后掖插。（28 式图 130）

28 式图 129

28 式图 130

3. 两拳相对：由上式，重心前移，右腿曲膝前弓，成右弓步。同时两拳从背后分别向前上方移动，两拳相对，与肩同宽，与两耳相平。（28式图131、图132）

28式图131

28式图132

第13式 披身蹬脚 （4动）

1. 右掰撑拳：由上式，重心微后移，右足外掰上体右转，成交叉步，右腿在前，左腿在后；同时两拳内旋外撑，拳眼向下，两小指根节与两侧太阳穴相平。目视左肩方向。（28式图133）

2. 歇步交叉：由上式，两拳臂外旋于胸前交叉相抱，左拳在外，右拳在内；两腿曲膝下坐，右腿在上，左腿在下，成歇步式。（28式图134）

28式图133

28式图134

3. 两臂高举：由上式，右腿直立，两臂高举。（28 式图 135）

4. 展臂左蹬：由上式，左腿提膝向左横蹬，足尖回勾，足跟用力。同时两臂左右分展，左掌根着意。目视左前方。（28 式图 136）

28 式图 135

28 式图 136

第 14 式　回身蹬脚（5 动）

1. 拗步展臂：由上式，左足向左前方落步，同时右臂向前、左臂向后平展，先目视右前方。再目视左后方。（28 式图 137）

2. 蹲身回望：由上式，两拳交叉环抱于胸前，左拳在内，右拳在外；随即蹲身下坐，右转身 360°，向右后方回视，重心寄于左腿，右足尖着地，靠近左足。（28 式图 138）

28 式图 137

28 式图 138

3. 上体左转：由上式，重心不变，上体向左回转，以余光回视右后方。（28 式图 139）

4. 右膝上提：由上式，重心不变，右膝向左前方上提。目视方向不变。（28 式图 140）

5. 回身右蹬：由上式，上体右转，两臂分展，同时右足向右后方蹬踹，意在左掌根。目视右后方。（28 式图 141）

28 式图 139　　　　　28 式图 140　　　　　28 式图 141

第 15 式　扑面掌　（4 动）

1. 落步左盖：由上式，右足落地，身体后坐，成左坐步式。右足足跟着地，足尖上翘。同时左掌从左后方经头顶横掌向前下、胸前按压，大指向下，掌心朝前，掌指向右；右掌回收至右肋前，掌心朝上。目视左掌方向。（28 式图 142）

2. 右弓穿按：由上式，重心前移，成右弓步。随即左掌向右上腹前滚动按压，掌心向上；同时右掌于左掌上方仰掌前穿，随即内旋俯掌前按。（28 式图 143、图 144）

3. 左进右按：由上式，重心不变，上左足，足跟着地，足尖上翘。右掌内旋，横掌回按于胸前，同时左掌外旋回收于左肋前，掌心向上。

（28 式图 145）

4. 左弓穿按：由上式，重心前移，成左弓步。同时左掌前穿，随即内旋俯掌前按；右掌亦同时外旋，掌心朝上，置于左腋下。目视左掌方向。（28 式图 146、图 147）

28 式图 142

28 式图 143

28 式图 144

28 式图 145

28 式图 146

28 式图 147

第 16 式　十字腿　（5 动）

1. 左扣右转：由上式，重心不变，以左足跟为轴，足尖内扣，上体右转。左臂随之内旋转至右前方，掌心向外。（28 式图 148）

2. 左掌继转：上动不停，上体继续右转到极限。左掌转至右耳前，

食指指向翳风穴。（28 式图 149）

28 式图 148

28 式图 149

3. 右膝上提：由上式，重心不变，右膝上提。（28 式图 150）

4. 右脚右摆：随即旋胯右摆，同时左掌内旋，向左上方拍打右足背。
（28 式图 151）

5. 左摆右落：手脚相拍后，右足向右前方落地，足跟着地，足尖翘
起，左手同时后摆移至左后上方。目视左手方向。（28 式图 152）

28 式图 150

28 式图 151

28 式图 152

第 17 式　里外云手 （7 动）

里云手 （3 动）

1. 左里云手：由上式，右足向右活步横移，成右弓步，同时右掌追眼神向右后方摆动，左掌随之沿上弧线运至右肩前，掌心向内（28 式图 153）。随即右腿直立，左足向右足靠拢，同时右手上抬与肩同高，左手下降至右肋下，目视右后方（28 式图 154）。

28 式图 153

28 式图 154

2. 右里云手：由上式，目视左后方，上体极力左转，右手在左手的带动下，向上、向左后方弧形运摆至左肩前，左手随势从右胯向左胯移动（28 式图 155）。随即右手弧形向左后方降落，左手随动，同时撤右足，成左弓步，目视左后方（28 式图 156）。

28 式图 155

28 式图 156

3. 左里云手：由上式，重心右移成右弓步。同时右掌追眼神由腹前向右后下方摆移至右胯后方，左掌随之沿上弧线运至右肩前，掌心向内（28 式图 157）。两掌姿势不变，左足向右足靠拢，两腿直立，目视右后方（28 式图 158）。

28 式图 157

28 式图 158

外云手（4 动）

1. 左外云手：由上式，目转视左后方，右手原地内旋后伸，上体左转，重心左移（28 式图 159）。随即右足向右横移，成左弓步。左掌随左转身从右肩经左肩向左后方平移，边移动边外旋，使手心逐步转向外；右手亦同时下降，手心向内随左转身经右膝、左膝，向上运至左肘下，掌心转向上。（28 式图 160）

28 式图 159

28 式图 160

2. 右外云手：由上式，重心右移，成右弓步。左手下降，右手上移（28 式图 161）。随右转身之势，右掌向右后弧形外旋。待运至掌心向外时，左掌随移至右胯外侧，掌心向右（28 式图 162）。随即左足向右足靠拢，右掌下降，左掌上移，两腿直立，视线随左掌转移（28 式图 163）。

28 式图 161　　　　　　28 式图 162　　　　　　28 式图 163

3. 左外云手：由上式，目转视左后方，右手原地内旋后伸，上体左转，重心左移，同时右足向右横移，成左弓步。左掌随左转身从右肩经左肩向左后方平移，边移动边外旋，使手心逐步转向外；右手亦同时下降，手心向内随左转身经右膝、左膝，向上运至左肘下，掌心转向上。（28 式图 164、图 165）

28 式图 164　　　　　　　　28 式图 165

4. 右云上提：由上式，重心右移，成右弓步。右手上移，手心向内与眼睛同高，复随右转身之势，向右后弧形外旋运至手心向外（28 式图166）。手腕松提，五指撮拢下垂成勾，停于右肩前约45°处，与右耳同高；左手亦与右手同时沿下弧线向上移至右手下方，目视右手腕（28 式图167）。

28 式图 166

28 式图 167

第18式　正单鞭 （1动）

由上式，左转身，重心左移，成左弓步。右手姿势、位置不变，左手随左转身之势，外旋平移至左肩方向（28 式图168）。沉肩坠肘，掌心向外，掌根微向前一按，重心即移回右腿，外形成马步，意念在右腿。两臂均如弯弓，不可伸直。（28 式图169）

28 式图 168

28 式图 169

第19式　下势（5动）

1. 两臂分展：由上式，重心右移成右弓步。左右两臂顺势向两侧平展，两掌手心向下。目视右掌方向。（28式图170）

2. 右掌前掤：由上式，重心左移成左弓步。右掌顺势前移与左掌相平，两掌心相对；随即两腕上提，两掌心转向下。目平视前远方。（28式图171）

28式图170　　　　　　　　　　　28式图171

3. 两掌回捋：由上式，重心后移，右腿曲膝坐胯，两掌同时回搂至胸前。目平视前远方。（28式图172）

4. 右肘平顶：由上式，上体右转，右腿曲膝下坐，左腿向左后仆伸，右臂曲肘（手心找右肩井）右顶，左臂向左后方平展，掌心向下。目视右肘方向。（28式图173）

5. 两掌下按：由上式，两掌同时由左向右平移至右前方，随即上体微左转，右胯下坐，左腿仆伸，两掌如鹰捕兔，盘旋下按至两膝前下方（28式图174）。随即上身直立，目平视前远方（28式图175）。

28 式图 172

28 式图 173

28 式图 174

28 式图 175

第20式　上步七星（2动）

1. 右掌下插：由上式，左腿前弓成左弓步，同时右掌外旋，掌心向上从左掌下方向左膝前斜下方穿插。目视右掌方向。（28 式图 176）

2. 两掌交叉：由上式，左掌向上移至右肩前。随即右足、右手同时前移，右足跟着地，足尖翘起。右掌置于左掌下方，两手腕交叉置于胸前。目平视前远方。（28 式图 177）

28 式图 176　　　　　　　　　　28 式图 177

第21式　退步跨虎 （5 动）

1. 撤步按掌：由上式，两掌左右平分下按，同时右足后撤成左弓步，两掌置于左膝前略高于膝。目视前下方。（28 式图 178）

2. 两掌回捋：由上式，重心后移，右腿曲膝坐胯。两掌下按（28 式图 179）；随即两掌内合，上体右转，两掌随之移到右膝外侧，掌指向下。目视右下方。（28 式图 180、图 181）

28 式图 178　　　　　　　　　　28 式图 179

28 式图 180

28 式图 181

3. 两掌合下：由上式，两下肢姿势不变，两掌姿势亦不变，同时移至左足外上方。目视左下方。（28 式图 182）

4. 右提左勾：由上式，重心不变，上体起身右转。右掌松腕上提至右耳前，左手撮指后勾。目视右手方向。（28 式图 183）

5. 前掌后勾：由上式，重心不变，上体立身右转。随即右掌向前伸，沉肩坠肘，四指直伸，大指上竖。左勾手不变，尽量上举至左肩关节到极限。目视右掌方向。随即左转身，左腿松腰坐胯，左足收至右足前，足尖着地。目平视左前远方。（28 式图 184）

28 式图 182

28 式图 183

28 式图 184

第22式　回身扑面掌 （3动）

1. 右掌右伸：由上式，下体和左掌姿势不变，上体右转；右掌随之向右前方平伸，掌心向下。目视右掌方向。（28式图185）

2. 蓄势待发：由上式，下体姿势不变，松腰松胯。右手回收，掌心向上，意想摸左小腹；左手同时回收至左肩上方，掌心向下。目平视前远方。（28式图186）

3. 左掌前按：由上式，左腿提膝上步，随即前弓成左弓步。同时左手臂内旋，向前拍按，右掌心向上置于左腋下。目视左掌方向。（28式图187）

28式图185　　　　　28式图186　　　　　28式图187

第23式　转身摆莲 （5动）

1. 左掌右转：由上式，重心不变，扣左足，上体向右后拧转。左手随之回收至右肩外侧。目视右后方。（28式图188）

2. 两掌沉采：由上式，重心不变。右手上举至头前上方，随即内旋向右后方劈按。左腿曲膝坐胯。目视右后方。（28式图189）

3. 右膝上提：由上式，重心和两掌姿势不变，右腿曲膝上提。目视左前上方。（28式图190）

4. 右足右摆：随即旋腰转胯使右足向上，由左前方向右前上方弧形

摆动。同时两掌由右上方经右胯右膝于空中拍打右足背。(28 式图 191)

5. 左摆右落：由上式，重心不变，右足向右前方落地，左右两掌同时向左后方摆动，左腿曲膝下坐。目视左后方。(28 式图 192)

28 式图 188

28 式图 189

28 式图 190

28 式图 191

28 式图 192

第 24 式　弯弓射虎（8 动）

1. 两掌右摆：由上式，重心右移成右弓步。两掌随之向右后方摆动至左掌垂于右膝外侧，右掌垂与尾骶骨平行处。目视右后方。(28 式图 193)

2. 两拳上提：由上式，重心不变。两手握拳上提至与肩平，拳面向

上，两拳眼相对，与肩同宽。目视右拳的食指根节。（28 式图 194）

28 式图 193

28 式图 194

3. 两拳俱发（右）：由上式，重心不变，拧腰坐胯，两拳前伸，拳面朝前，拳眼相对。目视前远方。（28 式图 195）

4. 两拳右摆：由上式，重心不变，上体右转，两拳同时向右后摆动至与肩平。目视右后方向。（28 式图 196）

28 式图 195

28 式图 196

5. 左足前迈：由上式，重心不变，左足向右足靠拢。两拳姿势不变，目视左前方（28 式图 197）。随即向左前方迈出，足跟着地，足尖翘起。左右两拳同时变掌，位置不变。目视方向不变。（28 式图 198）

28 式图 197　　　　　　　　　　28 式图 198

6. 两掌左摆：由上式，重心前移，成左弓步，同时上体左转（28 式图 199）。两掌亦随之向左后方摆动至右掌垂于左膝外侧，左掌垂于与尾骶骨平行处。目视左后方。（28 式图 200）

28 式图 199　　　　　　　　　　28 式图 200

7. 两拳上提：由上式，重心不变。两手握拳上提至与肩平，拳面向上，两拳眼相对，与肩同宽。目视左拳的食指根节。（28 式图 201）

8. 两拳俱发（左）：由上式，重心不变，拧腰坐胯。两拳前伸，拳面朝前，拳眼相对。目视前远方。（28 式图 202）

28 式图 201   28 式图 202

第 25 式　卸步搬拦捶 （7 动）

1. 右坐左掩：由上式，重心右移，右腿曲膝坐胯，成右坐步式，左足尖翘起。两拳不变，左肘外旋找右膝，右拳置于左肘内侧，左拳心向上，右拳心向下。目视左前上方。（28 式图 203）

2. 左撤右搬：由上式，上体左转。左拳撤肘后收，右手腕擦着左小臂内侧向右前方舒伸变掌。同时左足后收至右足内侧（28 式图 204）。左足继续后撤，成右弓步。右掌意念向前远方伸展。目视右前方。（28 式图 205）

28 式图 203   28 式图 204   28 式图 205

3. 左坐右掩：由上式，重心左移，左腿曲膝坐胯，成左坐步式，右足尖翘起。同时右臂外旋右肘找左膝，掌心向上，左掌扶于右臂弯处。目视右前上方。（28 式图 206）

4. 右撤左搬：由上式，下体姿势不变，上体右转，右足经过左足内侧向右后方撤一大步。同时右肘后撤，左掌沿右小臂内侧经掌心向左前方伸展，掌心向下，右手置于左肘内侧。目平视左前方。（28 式图 207、图 208）

28 式图 206　　　　　28 式图 207　　　　　28 式图 208

5. 左掌回捋：由上式，右腿曲膝坐胯，重心后移成右坐步式，左足尖翘起。同时上体左转，左掌回捋至左肋下，右掌姿势不变托于左臂下。目视正前方。（28 式图 209 正、背）

28 式图 209 正　　　　　　　　28 式图 209 背

6. 左掌右拦：由上式，下体姿势不变，上体右转，右手握拳向右后回拉至右肋下，拳心向内，左掌同时前伸掌心向右前方，横移至右膝上方微停。右腿松腰坐胯，右臂沉肩坠肘，同时左掌内旋前伸，随即上立。目平视前远方。（28 式图 210、图 211）

7. 右拳平冲：由上式，重心前移成左弓步，同时左掌立掌后移至胸前，右拳同时贴左掌心向前平冲。目平视前远方。（28 式图 212）

28 式图 210   28 式图 211   28 式图 212

第 26 式　如封似闭 （2 动）

1. 两掌分搁：由上式，重心后移，右腿曲膝坐胯成右坐步式，左足尖翘起；同时左掌背移贴于右大臂外侧，右拳姿势不变（28 式图 213）。随即右肘立肘，臂外旋，以肘尖由右向左再向右，从左掌背绕行至左掌内侧，沉肘贴于右胁前（28 式图 214）。右拳变掌，掌心向内，左掌上移，两掌交叉于胸前（28 式图 215）。随即两掌向两侧平移，两掌心向后置于两耳旁（28 式图 216）。

2. 两掌平按：由上式，重心前移成左弓步，两掌内旋掌心朝前，同时向前推出。目视正前方。（28 式图 217）

28 式图 213

28 式图 214

28 式图 215

28 式图 216

28 式图 217

第 27 式　抱虎归山 （3 动）

1. 两掌下按：由上式，重心不变，两掌同时向下平按于左膝前。（28 式图 218）

2. 两掌横分：由上式，两掌内旋，上体右转，同时收右足跟。左掌心向后，右掌心向下。目视右下方（28 式图 219）。随即上体右转，重心右移，成右弓步。右掌随之向右横拨，大指朝下，掌心反向外。两臂成斜下分展式，意念在右手。目视右掌方向。（28 式图 220）

3. 两掌翻转：由上式，重心、姿势均不变，上身直立，两掌同时外

传统吴式太极拳入门诀要

翻，掌心朝天。目视右掌方向。(28式图221)

28式图218

28式图219

28式图220

28式图221

第28式 十字手、收式 (9动)

十字手 (4动)

1. 两掌上掤：由上式，重心不变，以右手为主导，两臂向上平举。目视前上方。(28式图222)

2. 两臂上举：上动不停，两臂上举，两腿随之直立，两足平立与肩同宽。目视前上方。(28式图223)

3. 两掌交叉：出上式，两掌于头顶上方十字交叉，左掌在外，右掌在内，两掌心均向内。(28式图224)

4. 两肘沉采：由上式，姿势不变，两掌于头顶交叉，曲膝坐胯成马步，沉肩坠肘，使交叉之两掌随降至胸前。（28 式图 225）

28 式图 222

28 式图 223

28 式图 224

28 式图 225

收式（合太极）（5 动）

1. 两肘平分：由上式，姿势不变，重心右移，随之两手心找肩井穴，使立肘自然向两侧分顶，意念在右肘。目视右肘方向。（28 式图 226）

2. 三指环接：由上式，姿势不变，松肩坠肘两掌指约于胸前一尺处慢慢环接。同时左足向右足靠拢。环接之时食指相接看食指，中指相接看中指，大指相接看大指。两掌心斜向前。（28 式图 227）

28 式图 226   28 式图 227

3. 环指平移：上动不停，两手环接不变，向后平移至胸前，至鼻尖对着大环中央时，想象鼻子上有一根线，线上系着一个小棉花球。两膝微微下蹲，棉花球随着身体下降，在刚要接触地面时，慢慢抬起头来，棉花球亦随之向上收提，以致化为乌有。（28 式图 228）

4. 三环套月：由上式，姿势不变，两掌臂内旋，使两手心贴于小腹，使肚脐置于大指、食指所接之大环中央（28 式图 229）。随即抬头目视前方（28 式图 230）。

28 式图 228   28 式图 229   28 式图 230

5. 太极还原：由上式，两肘内合贴于两侧肌肤。随即两掌向下滑移，至中指到两小腹下角处（气冲穴）时，用意点按一下气冲穴（28 式图 231）；滑移至中指垂直于两大腿外侧风市穴时，用意再点按一下风市穴。待风市穴有热感时，用意将其热量收回丹田，慢慢地恢复到练拳初始的状态。（28 式图 232）

28 式图 231

28 式图 232

附

录

传统吴式太极拳十五论
——张全亮就"国家级非遗吴式太极拳"答记者问

2016 年 5 月 9 日，受北京市文化局委托，北京汉声文化创意有限公司记者邵文婷、胡鑫，就国家级非物质文化遗产代表性项目吴式太极拳采访了张全亮先生。以下为采访实录。

吴式太极拳 37 式的由来

记者：张老师，您这一脉是从吴鉴泉那边传下来的吗？

张全亮：实际上我们讲"南吴北王"，"南吴"指的是南派创始人吴鉴泉，"北王"指的是北派创始人王茂斋。我这一脉是北派，其实从大方面来说是一回事，都是吴式太极拳。

记者：王茂斋之后是个什么样的传承？

张全亮：王茂斋，杨禹廷，王培生，现在到我这。要说北派，我是第四代传人；要按吴式太极拳从全佑那来算，我是第五代。

记者：简化的吴式太极拳 37 式是王培生老师创编的吗？

张全亮：对，是王老在老 83 式的基础上创编而成的。王老 1953 年在北京工业学院教课的时候，发现很多学员一两年都学不会一套拳，于是就把老 83 式里重复的动作都去掉，正好剩下 37 个式子。现在国内外很多人都在练这个套路，在 20 世纪 80 年代，据说就连美国宇航局都用这个做教材。宇航员上天之前，先要练 37 式太极拳以缓解紧张情绪和恐惧的心理。王培生老师这本书多次出版，英语、日语、法语各种语言版本都有，均一抢而空。

在这之前，国家还没有简化太极拳。可以说，王老开创了简化套路的先河。而且他的简化不离传统，是从传统里面拿出来 37 个有代表性的式子重新编排，拳理严格遵循传统。这和现在所谓"创编"的一些东西不一样。

记者：这种"简化"跟现在的一些"简化"区别在哪里？

张全亮：首先，这是在传统的基础上精简而成，传统的东西没有变化。他把 83 式里重复的式子去掉，剩下 37 个式子，按照运动量大小重新编排，保证原汁原味。其次，就每一动来说，按照拳论，以心行意，以意导气，按窍运身，内涵完全是传统的东西。而现在"创编"的一些竞赛套路其实就是太极操，全是外形的东西，没有内涵。传统的东西主要讲的是心意，讲意和气，讲穴位，都是纯以意行，是实用意念拳，不是纯肢体运动。

太极拳中的易理

记者：您说的这些对没练过的人来说是不是挺难理解的？

张全亮：比较难。太极拳十年不出门，就是因为基础太深，它里面包含哲学、力学、生理学、医学很多边缘科学。它以易理为拳理，以阴阳变化为灵魂，以宇宙万物返还生克的万古不易之规律作为指导练拳的法则。

每一个动作都要从一个穴位发动，动到什么地方算规范，规范之后身体某一部位或某一脏腑会有什么感觉，这种感觉有什么健身效果？有什么技击作用？有什么开智开悟效果？有什么艺术趣味？都有具体细致要求和提示。从外面健身到里面的文化内涵，都离不开易理、哲学、医学、生理学等学科。而现在一些人编拳，都是凭着自己的合理想象设计外形动作，只考虑外形美，如何增加表演难度，提高得分率，根本没有传统的内涵与外延的要求。

记者：作为一个初学者，如何层层体悟这些呢？

张全亮：刚开始的时候要一式一式地练，慢慢地比画。就像写字一样，照着帖子一字一字地描。等"描"熟了，再说为什么要这样做，这个动作想的是哪个穴位？怎么算规范？这样练有什么健身作用？有什么技击作用？有什么开智效果？有什么样的艺术趣味？严格来说必须要这样练，所以它比较难。吴式太极拳的定义就是文化拳、头脑功夫、哲理性拳术、实用意念拳，完全都是意想，纯以意行。

记者：这个就是要靠师父口传心授吗？

张全亮：对，口传心授。在拳论上主要就是要分清阴阳虚实。以阴助阳，以阳导阴，向上先寄欲下意，向左先寄欲右意。一切东西都在阴阳里统一，都要按照这个思想去做。比如说动作往前去的时候，其实是后面的劲，往上去是下面的劲，往左去是右边的劲，这都是自然反应。就像拉弓射箭一样，要想箭射出去，我们都要先向后拉。打枪也是一样，子弹出膛的一瞬间，都会有很强的后坐力。这都是阴阳，吴式太极拳在这方面分得特别清楚，也要求得特别严格。

记者：吴式太极拳是有意识地把哲理、易理运用到技击方面吗？

张全亮：对、是的。

吴式太极拳的特点

记者：我之前看过您说过一段吴式太极拳的特点，这是您自己总结出来的吗？

张全亮：是的，我是概括了前人的一些东西。原来国家有关部门对吴式太极拳的特点概括为四句话：轻静柔化，紧凑舒伸，川字步型，斜中寓正。后来我觉得还应该再全面一点，我就根据师传和自己多年的练拳体悟，归纳概括为如下 16 句歌诀：

> 端庄平稳，气度开阔。
>
> 单腿负重，川轨步型。
>
> 虚实分清，六球相佐。
>
> 立圆为主，紧凑舒伸。
>
> 轻静柔化，伺机而动。
>
> 按窍运身，如水洇沙。
>
> 行云流水，纯以意行。
>
> 诗情画意，三才相通。

这个歌诀我认为对吴式太极拳从动作外形到文化内涵，从身法、步法、神气、意念等各个方面，都做出了全面系统的规范。比如说"行云流水"：上如行云随风变，下如流水顺势走。吴式太极拳练起来要如行云流水，纯以意行。它不是模仿，而是一种意念。"诗情画意，三才相通"：太极拳是一种情趣拳，王老总讲：练这趟拳的时候，我舒服你也得舒服。行拳时给人的感觉要犹如一幅山水画，好像一首抒情诗。自己要有如沐春风，如观奇景的想象和感觉，得有这种艺术感，自己得进入这种艺术境界当中，别人看着也舒服。这些是吴式太极拳的特别之处。

练拳要先练好架子，然后再用意念来指导动作。可以说，文化程度越高，阅历越广，生活经验越多，自然体悟就会越多、越深，练得也会越好。

这里有很多东西是外行人很难理解的。比如说"端庄平稳"，头要端正、两肩要平谓之"端庄"。平稳，王老讲，就好像端着一碗硫酸水在走，不能有一丝摇晃，洒出来一点就受不了。他不说是端水，而说硫酸水，可见练拳时必须一直心平气和，不能有一丝波澜。常这样练的话，人的稳定性、适应性等方方面面就都会得到提高，干什么事就会非常稳妥。不浮不躁，不急不怒，这是最基本的动作要求。

记者：那"气度开阔"呢？

张全亮：就是说天有多大，人就有多大，练拳时要形充天地，势满寰宇。后来我总结就是要头融天、脚融地、胸融空。往这一站，头就是天，脚就是地，胸就是空，无我无他，气度很开阔，人要大到和宇宙一样大，天人合一。

记者："单腿负重"不太好理解。

张全亮：一讲就明白了。像咱们的那个房桁，靠一个比桁细很多的柱子支着。之所以能支住不倒，就是因为小柱子是垂直的，垂直了才能把桁支稳，稍微歪一点都趴架。练拳也是如此，重心必须垂直在一条腿上，用一条腿支撑全部体重。要求鼻子尖要和负重腿的膝盖尖、脚大趾尖上下垂直，三尖相照。尾骶骨要和负重腿的脚后跟上下垂直相照。很多人练拳都存在双重的问题，双重状态下不要说打人，连健身的效果都达不到。肌肉紧张，横膈膜紧张，整个五脏六腑全紧张，时间长了就会影响身体健康，就会出现这样那样的疾病。

单腿负重的时候，在重心绝对垂直的情况下，移动步法或起腿时还要做好"配重"。就好比电线杆一样，旁边有一个斜拉线。这个斜拉线过紧或过松，电线杆都会歪。它必须得拉得合适，保证电线杆的垂直才行。保证单腿负重上下垂直，关键在步伐上，只有在正步一脚宽、一脚长，或是隔步一脚半宽、半脚长的情况下，膝关节才不会"切轴"，不会受损，身法才能轻灵、活快。步子小了灵而不稳，步子大了稳而不灵，都不行。

很多人练拳都不注意垂直线和配重的问题，咯噔一下就迈出去了，这是不对的。什么叫迈步如猫行、运劲如抽丝呢？就是说在迈步的时候要伺机而动，肩往下沉，肘往下坠，虚脚着地不着力。如果脚底下有一张纸，这张纸都不能踩变形了。虚灵要达到这么高的程度才行。

现在好多人都练得膝盖疼，按照这种练法膝盖永远都不会出问题。单腿负重是强化股四头肌的锻炼，关节周围的肌肉韧带会练得特别强健，才能稳定性强。即使腿有毛病，通过一段时间规范锻炼也会改善。我在北京大兴区老干部大学教太极拳时，曾经有一位女学员，两个膝盖都置换了，问我还能不能练太极拳，我说不但能练，只要严格按我的要求练，几个月之后你的膝关节功能会得到完全恢复。结果只用了半年的时间，她就什么感觉都没了，一年以后还到处教拳，现在她是大兴区老干部大学太极拳社的副社长，也是我们鸣生亮武学研究会的副会长，每天组织练拳，到处教拳，两腿的功能都感觉良好。

记者：单腿负重实际上这条腿是不动的，肌肉在受力，而膝盖是没有运动的，也就不会出现那种软组织的挫伤，是吧？

张全亮：很多人练拳膝盖都是撇着、拧着的。我们常说膝盖不能超过脚尖——就是想都不行，你意念一想，膝盖就会有压力。吴式太极拳练的时候不想膝盖，而是想一个穴位，这样膝盖就没有压力了，只是肌肉会受到刺激，所以不会出现问题。你看我76岁了，哪儿都没问题，就是因为单重。变换步伐的时候，一个重心向另一个重心慢慢转换，首先我把脚落平了，命门找环跳，移过来，然后重心垂直，再往下动，松腰松胯，沉肩坠肘。这样看似慢、笨，实际是很轻灵的。

吴式太极拳为什么被称为"长寿拳"

记者：吴式太极拳的特点是"轻静柔化"，还有一个长寿拳之说，这两者有关联吗？

张全亮：吴式太极拳有"长寿拳"之美誉，因为练吴式太极拳老前辈长寿者居多。为什么能长寿呢？跟"轻静柔化"的特点是密切相关的。我总结了这么几句话：松静除张，缓慢增力；细腻化瘀，想穴除疾；柔化抗衰，观妙开智；中正安舒，单重轻灵；体脑并练，益寿延年；阴阳合德，与天同运。为什么要这样说呢？

松静除张，就是要求练拳时身体内外要特别松、特别静。现在人普遍压力都大，从中央到地方，从老到少，从男到女，都有不同的压力，有的是工作压力，有的是生活压力，有的是思想压力，等等。这些压力，会形成脏腑、经络的紧张，这种紧张时间长了就会使人得各种疾病。吴式太极拳有特殊的方法让人体可以高度松静，通过松静缓解压力。

缓慢增力，就是慢练，不能快，越慢越好。比如说迈一步，零点几秒迈出去谁都可以做到，但是要求一两分钟迈出一步就不容易了，它要求人体的肌肉、韧带及思想、心情等各方面都要处于一种很平稳的状态才行。这种练法可以提高人体的全面素质，比如承载力、耐受力、能力、活力、协调、平衡等。

细腻化瘀，就是要一点一点地练，一个细胞一个细胞地观想着练。练拳时往上想"如气蒸腾"，往下想"如水汩沙"。想春天下过雨后，太阳喷薄欲出，就会有那种气象万千的舒服感，虽然什么都看不见，但那种气是往上蒸腾的，感觉特别舒服。吴式太极拳要这样细腻地练，练出来之后，人体会外面很柔，里面却像钢铁一样硬。

想穴除疾，就是练拳时在体会向上如气蒸腾、向下如水汩沙的细腻过程中，还要有意识地观想一下与每一个动作的起落相关或欲治疗某一疾患有作用的穴位，这样会有明显的防病治病效果。我们练拳的时候，每一动都由一个穴位形成。比如手往上抬，一想命门穴，手自然就往前去；一想十指回够大陵穴，手自然向上滚动；一想内劳宫穴，十指自然会舒展开来；一想外劳宫穴，手背会自然往下落；一想曲池穴，两肘自然会回收；一想肩井穴，膝胯自然会下坐。

每一个穴位，在中医里都能治很多病。比如足三里穴："三里膝眼下，三寸两筋间，能通心腹胀，善治胃中寒，肠鸣并泄泻，腿肿膝胫酸，伤寒羸瘦损，气盅及诸般……"这些病都可以通过足三里穴治疗。比如阳陵泉，内和脏腑，外润经筋，也可以治好多病。经常想着这些穴位练拳，就可以祛除很多疾病。

柔化抗衰。拳论讲"腰折百回若无骨"，我们揉面需要来回反复揉，这样做出来的馒头才好吃。腰腹及全身的脏腑、肌肉、韧带只有经过千折百回地揉转，才能提高弹性，才能抗衰老。我们的血压为什么会高呢？就是因为血管弹性差了，就会加大心脏的压力。来回这么练，一动浑身无有不动，这样就可以柔化抗衰，对心脑血管的疾病有很好的防治作用。

观妙开智。练拳时要外观宇宙自然的奥妙，内察体内气血运行的情况，这样才能开发人的智慧，起到健脑的功效。

中正安舒。练拳中正不歪，五脏六腑得位，心安体舒，才能减少疾患；做人做事中正无私，心安理得，问心无愧，才能不招灾惹祸。

单重轻灵。吴式太极拳中正的要求是在单腿负重的情况下实现，即重心完全垂直在一条腿上，鼻子尖与足大趾尖垂直相对，尾骶骨与足跟上下垂直相对，只有在这种情况下虚脚的活动才最轻灵。

体脑并练，益寿延年。吴式太极拳不但能练体，还能练脑。人老有两个表现：一是腿脚不得力，二是反应迟钝。腰疼腿疼其实就是"根"衰了，我刚才说的这些练法就是"扎根"的运动，根深才能叶茂。

脑子怎么练呢？背东西。拳势的动作名称、拳理拳法的歌诀、针灸穴位知识等，都要背，另外还要多读书，多研究，多学习。吴式太极拳是一个文化拳，要学习哲学、文学、医学、生理学以及很多边缘学科，特别是针灸学要好好学。要是吴式太极拳练成了，就相当于一个针灸医生。

就拿简单的预备式来说：一，左脚横移；二，两足平立；三，两腕前掤；四，两掌下采；五，蹲势下按……这些都得背下来。不管是大式子名称，还是每一个式子里几个动作的名称，歌诀、拳论等都要求背下来。人的大脑一分钟会有几千万个信息接收过来，再反馈出去，里面的能量很大。如果要发明一个机器代替大脑的功能，据说体积会比地球大若干倍。通过这种方法，我们可以开发大脑新的航道，使大脑越来越灵活。老动脑子，老练腰练腿，这样强身健体的效果最好，就可以益寿延年。

阴阳合德，与天同运。阴阳就是规律，练什么都是规律运动，要遵循规律，但还要"合德"，要分清楚善和恶。练拳的同时要强调做好人，做善事，要"合德"。咱们中国传统文化特别强调这一点，就是"与人为善""己所不欲，勿施于人"。各个国家都有自己的疆域，谁也不要侵犯谁，和睦相处，互利共赢，才能世界和平；人的五脏六腑亦如同各个国家，各有自己的疆域，谁也不能挤压谁，才能各自舒畅，减少疾患。

太极拳就是"助人为乐"，它求合力，引进落空合即出，你来打我了，我一点都不抵抗，我就像老子说的"水"一样。《道德经》第八章最重要的一句话就是"上善若水"，所有的太极拳都是仿效水的。水自然地见山绕山，见树绕树，随方就方，随圆就圆，无孔不入。水能载舟也能覆舟。你看水争强好胜吗？争名夺利吗？哪儿有坑往哪儿流，哪儿低往哪儿去。火则不然，火是往上走的。人就是水火之体，上面是火，下面是水，水火既济、合一才能天长地久，健康长寿。

人一着急就"上火"，就皱眉头，眉头就像一个倒写的"火"字。人生下来之前，在娘胎里头朝下，生下来之后，头一朝上，火就反过来了，就成倒写的"火"了。我们要学水的性质、水的德行，常往下想，叫"水上火下""取坎填离"，这样就会减少疾患，做人做事就会得心应手。

水是最能与时俱进的，冷了结冰，热了变气，不冷不热成水。水的三种变化就是太极拳的三层功夫，一层比一层更加不好掌握。冰上能走人，甚至可以开坦克；水能浮，能漂；而气呢？你打一拳空气什么感觉？你踩一下空气行吗？云难触，水难依，你不能摸到云（也就是气），也不能依赖它，你从飞机上掉下来，在空中打枪、打拳什么都不能，话都说不出来，"哇"一声就下来了。

吴式太极拳的最高境界是"空"，由水到空有三步：首先是练的轴承运动，处处都旋转自如。其次是水的运动，不能依，不能靠，随方就方，随圆就圆，没有定型。太极拳没有法，动就是法。八卦掌没有招，变就是招。最后达到太极拳的最高境界，就是"空"，虚灵的，虚空的，纯是自然，随心所欲。我们常说太极拳有三个层次：由着熟而渐悟懂劲，由懂劲而阶及神明。神明就是空的层次。

太极拳是一种"无为运动"

记者：懂劲相当于水的阶段？

张全亮：对，懂劲就相当于水。太极八法讲"掤挤肘靠"和"捋按采挒"，四个进攻，四个防守，都是随心所欲。你掤我就捋，你挤我就按，就像水一样没有定型。要是把手放进水里面，水瞬间就把手包上了，连汗毛孔都能滋上；拔出来的时候，水一点缝隙都没有，一下子就合上了。能做到像水一样和其他物体的自然亲和，很不容易。健身、技击如此，做人做事也是如此。

太极拳是无所不包、无所不统的一种哲理性拳术。以防身而言，一般都是以大胜小，以强胜弱；而太极拳是以小胜大，以弱胜强；做事也是这样，一般来说，你批评我，我就顶你；你要治我，我就报复你；你打我一拳，我还你一脚，这都不是顺遂的，都不符合太极拳"务令顺遂"的水哲学。实际上"顺遂"是最厉害的哲学，不顶抗，随着自然运动，是一种无为运动。无为才能无不为。

什么是无为运动呢？无为运动就是规律运动，无为而无不为。"无为"不是什么都不干，无所作为，它是规律运动。就像地球和太阳的关系——公转和自转，公转的时候产生一种离心力，地球被甩出去；然而地球一自转，就克服了这个矛盾，就平衡了，我甩不出去你，你也靠近不了我，形成轨迹运动，这就是道。这个"道"是最客观的，最厉害的，是谁都不能改变的。如果地球不能及时自转，被甩出去，那地球就被粉碎了，就回不来了。太极拳讲"出圈容易进圈难，不离腰顶后与前"就是说的这个问题。

"出圈容易进圈难"说的是，你要是从我的轨道里出去容易，但想回就回不来了，所以必须要通过自转来克服这个矛盾。太极拳的"无为运动"就是公转和自转同时进行的运动，这种运动是永远不可战胜的一个规律。

"不离腰顶后与前"属于太极拳的技术语言，没练过拳的人可能不好理解。两个人在推手、技击当中，你出圈了就甭想进来，但是你要想不离开这个圈怎么办呢？在腰和顶上求。

记者：就是说要站在哲学和思想的层面来指导练拳？

张全亮：对，太极拳的基础就是哲学、易理、阴阳，都是我们国学殿堂的精华，练的过程当中需要慢慢去了解。其他方面也是如此，我是从太极拳这个路径攀登到国学殿堂，用它的影响来壮大我们；你呢，是从写作的角度去研究国学，从中吸收营养，提升作品质量；他是从医学的路径到国学殿堂，从而提升医学水平；还有人是从算卦相面等各个路径进入国学殿堂。国学就好比肥沃的土地，通过不同的路径去吸取营养，都会各得其所，大家都离不开它。

传统武术需要传承和弘扬

记者：张老师，您是从哪一年练习吴式太极拳的？

张全亮：我是 1974 年师从李子鸣老师学练八卦掌，1985 年师从王培生老师学练吴式太极拳的。但我从 1953 年就开始练武术，先后学练过查拳、滑拳、通背拳、八极拳、劈挂拳、杨氏太极拳、李氏太极拳等，最后我认定了吴式太极拳和梁式八卦掌比较适合我，就以这两个拳为主，兼顾其他了。

记者：选择吴式太极拳有自己的原因吗？

张全亮：我接触且练习过很多拳种，并相互做了比较，不论是从健身、技击，还是文化内涵、外延等方面考虑，我觉得还是吴式太极拳和梁式八卦掌更适合我，我就认定这两个拳了。市级和国家级"非遗"都是以"鸣生亮武学研究会"的名义报的，我们叫它"鸣生拳法"，"鸣"是指我的八卦掌老师李子鸣先生的定式八掌、老八掌、六十四掌以及刀

传统吴式太极拳入门诀要

枪棍剑这一系列；"生"是指我的吴式太极拳老师王培生先生，有 16 式、37 式、83 式、108 式，推手、散手，刀枪棍剑，还有好几百种小功法，这是一个大的系列。

记者：我在网上看到过有这样一个网站，就是您说的这些。

张全亮：就是我的网站，叫"鸣生亮武术文化网"。

记者：我看做得还是挺好的，上面视频还是挺多的。

张全亮：嗯，做了好几年了。

记者：现在跟您学的年轻人多么？

张全亮：不少，我现在全国有 48 个辅导站，6 个分会，入门弟子 300 多人，学生数以万计。今年四月份我去三亚参加了"三亚南山"首届世界太极文化节，荣获了"我最喜爱的太极拳人物"和"太极新媒体影响力人物"的称号，被综合评定为"太极十强"。我去了南山两次，参加演讲、演示、交流等活动，规模很大，有来自数十个国家的一万多人参加。从那之后我又上温县陈家沟，参加一个大的太极拳活动。随后又上武当山，有一个八卦掌班教学，这个班是全国性的，每年一次，这都是第十七期了。今年先是讲了 5 天八卦掌，后来大伙儿不愿意走，又开了 3 天太极拳班，报名的年轻人很多。

记者：您说的弟子都是顶帖拜师的入室弟子吗？

张全亮：对，入室弟子。

记者：辅导站是怎么操作的呢？

张全亮：辅导站都是松散式管理。目前最好的就是我们大兴区老干部大学太极拳社。我们的太极拳社十几年了，办得非常好，这次去南山还专门上台表演。辅导站这种松散式管理，就是哪儿有需要，我们就去指导；哪儿办班，我们就去帮一帮，组织得好的，我们会鼓励、表扬、奖励。这次去南山参加首届世界太极文化节，我们研究会就去了六个下属单位，参加表演，反映都很好。

记者：完全出于对吴式太极拳的喜爱？

张全亮：对。

记者：那16式是谁创编的?

张全亮：一个是王培生老师创编的。一个是我自己创编的。我创编的这个16式是在不离开37式框架的情况下，为了便于传授37式，而原汁原味地按原来37式的顺序节选了一部分简单的动作。现在国家级非遗系列培训里的初级教材就有这一套，为了和王培生老师创编的16式加以区别，最近编非遗教材改叫18式了，因为叫16式没有算上起式、收式，加上起式、收式正好是18个式子，所以改叫18式也符合客观实际。

记者：关于传承上您看到了很多问题，您觉得最好的传承方式是什么?

张全亮：第一，现在我有好多辅导站，还有国内国外的好多活动，到处讲学、演练、教拳，各地政府、机构、朋友请我去，我只要力所能及都会去，讲、传、教，这是一个传承的路线。第二，收徒弟，找合适的传人。第三，就是松散地向社会普及，但松散而有计划。比如现在我要搞一个国家级非物质文化遗产系列培训，谁有积极性谁就组织。我在网上发出公告，体育局、工会做的第一期，我赶紧编写了教材和光盘，还做了证书，教了两期反映挺好的。宣化武协、江门、上海、无锡等地都有意办，另外美国也在筹备。既然是国家级非遗，我不能顶一个虚名，我想做好这个系列培训。

我们有自己的网站，并且和中国太极拳网、世界太极拳网、中国武术在线、武当网、中华武术网等好多大网站都有链接。我的文章一发，铺天盖地就都发出去了，《中华武术》《武当》《武魂》等大的武术类刊物，我都会把文章发给他们，影响很大。另外，每年我除了活动之外，对弟子还有一项考核指标，就是发表文章。去年太忙我没有总结，前年我的弟子在各种刊物上发表文章100多篇。我现在发表的论文已有三四百篇。这也是一种弘扬，无论是实体上的弘扬，顺其自然的弘扬，还是有计划的弘扬，我的目的就是在有生之年，把我学的东西传出去，造福人类。就这些，没有别的。

记者：教老年人和教年轻人打太极拳会有很大的区别吗？

张全亮：有。老年人一般是健身为主，年轻人除了健身之外，还有一个技击的要求。

记者：那老年人练拳在动作上有没有做一些改动？

张全亮：你说的技击和健身是分开的，吴式太极拳不是，就是一个东西。人都是四肢百骸，你是去做工还是刨地都一样。拳就是这些东西，只要练好之后，就会对健身有好处，对防身有好处，对开智开悟、激发某些潜能有好处，它就在于点拨，一点拨就行了。不点拨，光比画永远不知道怎么回事，知其然不知其所以然。所以传承很重要，要有正确的传授，还要苦练，还得有悟性，文化程度越高，悟性越好，太极拳水平也会越高。

现在好多人练拳就是一遍一遍地练，也不能说没作用，充其量活动活动身体而已，但里面好多精华的东西都舍弃了。

吴式太极拳的独特魅力

记者：您学过的太极拳也比较多，您能不能举一个动作来说明这个"柔化"和其他太极拳的区别？因为对于一般人来说，从外形上看，所有太极拳都差不多。

张全亮：很多人练拳一般都是动作比较"粗"，比如一伸胳膊，胳膊就出去了，一抬腿，腿就起来了。而吴式太极拳则不然，看似简单的一个动作，比如大臂上抬，要想极泉穴，抬小臂想少海穴，再到劳宫穴，手这才抬起来。抬到哪儿呢？高于肩、低于耳，高了不舒服，低了憋得慌。提腕想大陵穴；两臂下降的时候，想一下劳宫穴，十指舒展开了，有水上扶球之感，一想手背的外劳宫穴，手自己就下来了；一想曲池穴两肘就会自动往后拉；一想肩井穴，身体就会往下坐。所谓细腻柔化，其实就是一点一点地练，或者说，就是一个穴位一个穴位地练，比穴位还要细的就是一个细胞一个细胞地练，一点一点地走，像水涸沙一样。

这样身体里面所有的组织，就像对高精尖的仪器，一点一点地检查，没问题，擦一擦，零件坏了换一换。这跟那种随便拿砂纸一打不一样，因为"细"，所以柔化；因为柔化，所以抗衰；因为抗衰，所以强壮。练得很细腻，每个动作意念是细化的，是哲理性的，时间长了会把人培养得做什么事都是非常虔诚，非常松静，非常认真，非常细腻，不草率，不应付。这种性格一旦形成，这人到社会上肯定领导喜欢，群众喜欢，干什么事都能成功。

记者：刚才您说到松静还提到一个词叫"紧凑舒伸"，感觉像两个反义词放在了一块。

张全亮：这是对立统一。比方说"紧凑"，做一个野马分鬃的动作，看着很紧凑，但很舒伸，头融天，脚融地，胸融空，气势很大。外形并不大，内里有乾坤，里面在动，由脚而腿而腰而肩而肘而手地走，手追着眼，神领着形。它不是"跳着"走的，上什么地方去得一步一步地走，一点一点地走。不是飞过去、跳过去的。

记者：紧凑和小架拳有关系吗？

张全亮：吴式太极拳是杨露禅的后学，杨露禅教大架，他儿子教小架，然后全佑先生就把大架和小架融合在一起，变成中架。

过去的区分大小架就是看形体上，大架舒展大方，小架比较紧凑。现在主要是意念上来区分，小架在外形上紧凑，但在意念上可以放大。八卦掌也是，看似一小步，但是讲究"混元一气走天涯，八卦真理是我家。招招不离脚变化，站住即为落地花。"意念要"趾及天涯"。脚往前一迈形不大，路径很短，但是意念远及天边。头融天，脚融地，胸融空，其大无外，其小无内。大可以大到天边，但却发现天外还有天，还可以无限远，无限大；小也可以无限小，分子、原子、质子无限可分，太极拳就是这样，所以它很难练。但它的功效却非常全面。

记者：还有"川字步型"。

张全亮："川字步型"这个比喻我后来改成了"轨道步型"，最近我又改成了"川轨步型"。身体两侧从肩井穴至涌泉穴比做"川"字两边的两竖；从头顶的百会穴至会阴穴相连的垂直线（即整个脊椎）比做"川"字中间的一竖。所谓"川字"步型是在移动体重过程中出现的投影状态像"川"字；定式的时候，中间那一竖和旁边一个竖要重叠，变成了两个竖。就成了"轨道步型"了。过去我有时候说"川字"步型，有时候说"轨道"，但是后来发现定式的时候必须是"轨道步型"；运动过程当中的瞬间，投影线必然是"川字"步型。这样我就综合起来称之为"川轨步型"了，我认为这样是符合实际的。

记者：还有"斜中寓正"。

张全亮：斜中寓正就好比电线杆要有一个拉线，没有拉线，这个电线杆站不住。又好比木匠立了一个柱子，旁边要有一个斜撑，这就是斜中寓正。所有动作中，倾斜也好，旋转也好，前提都要中正。斜和正两者对立统一，相互依存。

记者：就是说动作招式不是完全对称的，但它在思想层面上还是正的。

张全亮：是的。现在有些人练起来好像也是斜中寓正，可是好多的"正"是双重状态下的"正"。斜和正的问题是一对矛盾的统一，没有斜来辅助就正不了；没有正呢，斜也就不存在了。

记者：像"按窍运身"这样的理论只在吴式太极拳里有吗？

张全亮：别的拳没有明确提出过。

记者：这是王培生老师提出的吗？

张全亮：对，王老的创见。这已成为王培生先生所传吴式太极拳的一个最主要的特点和理论体系。

记者：王老师有医学的背景吗？

张全亮：没有。但他博学多才，喜欢研究医学、古典哲学等传统文化。太极拳是理论和实践高度结合的东西。后来我也有很多自己的研究，都是在老前辈的指导下，通过实践慢慢一点点体悟出来的。这就跟写诗一样，经过长时间的积累，突然间会出来一些灵感。

记者：我看您总结的都特别合辙押韵。

张全亮：这次我在南山演讲，说吴式太极拳既能健身长寿，还有技击含义，把"点、打、拿、发、摔、卸"融为一体，含而不露，我总结它的技击原则是"上如行云随风变，下如流水顺势走，彼刚我柔如翻版，处处旋涡处处轴，引进落空合即出，粘连黏随不丢顶。"这样的歌诀很受欢迎。

记者：还有一种说法是"六球相佐"是什么意思？

张全亮："六球相佐"是王培生老师提出来的，六球是指：两个眼球、两个腰子、两个外肾（女子是两个乳房，男子是两个睾丸），非常科学。两个眼球管两手两脚，当你看大眼角的时候，手脚都是没劲儿的；而一看小眼角，劲儿就来了。举重的时候都是一看小眼角，一下子就举起来了，打人的时候也是如此；两个腰子管两肘两膝。两腰子往里一合，肘膝就都没劲儿了，腰子往外一展，肘膝立马就有劲儿了。拿肘顶人的时候，缩腰不行，腰子得往外去。两个睾丸（两个乳房）管两肩两胯。外肾一合，肩胯就都没劲儿了，往外一撑，离开会阴，或是离开膻中穴，肩胯就有劲儿了。它非常科学，查历史都查不出来，完全是在实践当中生发出来的。

记者：您讲了很多太极拳和哲学的关系，一般人要练到能理解自己身体循环得多长时间？

张全亮：吴式太极拳教拳跟别人教拳不一样。很多人教拳就是在前面带着练，咱们不是，要把动作讲到位，还得把理论讲透了。尽管一开始他不明白，你也得这么灌输，慢慢他就明白了。练太极拳就是这样，笨人能练聪明了，死心眼儿的能练活泛了。很多这样的例子。有的人见人不敢说话，后来通过练拳性格开朗了，都能跑外了。

记者：有那种需要练上几年基本功才能到下一阶段之说吗？

张全亮： 在武术界各拳种、流派里都有这种要求，这一方面是考验你的毅力，一方面也是练功的需要，因为基本功越扎实，将来功夫上层次越快。但有的人经不起这种煎熬，就半途而废了。

记者： 弟子能否成才，关键在哪里？

张全亮： 关键在内因。因为任何人都不一样。孔子弟子三千，七十二贤人，真正能成的不就有数的那几个人么。成才不是那么简单的事情，老师想把所有东西都给学生，有的是听了一句就练一百遍，还能用心琢磨；而有的人他根本不拿这当回事。那结果就不会一样。

吴式太极拳重点是调整身心平衡

记者： 吴式太极拳现在传承的套路功法有多少？

张全亮： 很多，就拿北派来说吧，有吴式太极拳 16 式、37 式、83 式、108 式。83 式有两个路子，一个是原来杨禹廷师爷传的 83 式，还有过去王茂斋传的 83 式。另外，还有八法，太极器械：刀、剑、枪、杆等，还有推手。推手有很多：单手的平圆推手、立圆推手，双手的四正推手、四隅推手、大捋等。还有小功法，王培生老师传的有几百种小功法，有什么病就练什么功法。比如便秘、高血压、糖尿病等都有专属的功法，有古时候传下来的，也有从太极拳生化出来的。比如"揽雀尾"就是王培生老师在长期的教学实践中体味出来的防止糖尿病的功法。

1953 年，王老在北京工业学院教课的时候，做过两组对比试验，两组糖尿病患者自愿参加，一组吃药不练拳，一组练拳不吃药，半年后一检查，练拳的这一组很多人都好了，但另外吃药的一组却没什么变化。

记者： 小功法就相当于把太极拳化整为零，改为单式反复练习吗？

张全亮： 对。抽出来的一些动作反复练，吴式太极拳的每个动作都强调以穴位运身，治病效果很好。比如说，一想命门，手往前去；一想手指头回够大陵穴，手腕就抬起来了，高于肩低于耳的时候，胸中会有空畅的感觉，这就健脾养胃、能吃能睡。原来北京有个建筑公司的工程师，是个女性，胃癌，吃不下去饭，老吐，我就教了她一个向两侧展臂，翻手掌的功法（王培生老师传的）。她练了三四天，给我打电话，说张老师，这个功法太管用了，吃饭吃得特别多，特别香，不吐了也不恶心了。诸如此类，有些功法治病的效果还是挺好的，甚至可以不药而愈。

人之所以生病就是因为某个脏器、气血、经络不平衡了，它的功能发挥不出来，有东西克着它呢。你必须把这个东西给解除了，让体内平衡了，正气竖起来，正能量发挥出来，病自然就好了。所以只要通过一种方法把经络调整好了，把气血调整顺畅了，五脏六腑和谐了，疾病也就随之消失了。辩证法告诉我们统一是相对的，不统一是绝对的，人体也这样，有时候觉得挺好，有时候就不舒服了，要随时进行调整。

记者：就是找中间最平衡的一个点。

张全亮：对。这么多运动形式，相对来说，我觉得吴式太极拳和梁式八卦掌对调整身体平衡最好。吴式太极拳把吐纳导引、经络穴位揉在一起，是一种非常好的运动形式。

记者：练的时候会讲究哪个动作呼气，哪个动作吸气吗？

张全亮：开始不要想这些，自然呼吸就行了。慢慢练了一段时间之后，自然就配合好呼吸了。屈伸开合听自由。举一个简单的例子：你拿一个大锤向下砸一个东西，蓄势上举的时候必然是吸气的，发力下砸的时候必然是呼气的，不用教，谁都会，这就是自然而然。但是如果我告诉你，举斧子的时候吸气，砸的时候再告诉你呼气，叫你把意念放在呼吸上，你试试看保准就没有劲了。你要是自然地做这个动作，反而很合适。很多人练太极拳都一味要求吸气、呼气，只会适得其反。

慢慢练，气息自然就有了，再稍微用意念配合一下，才可以进入到呼吸的层次。但刚开始不行，主要是调姿调息，把姿势调好了，把呼吸调匀了再说别的。一开始不行，就好比现在小学还没上呢就去做微积分的功课，肯定不行。

太极拳八法的创新与实战

记者：还有一个"八法"是吴式太极拳比较重视的。

张全亮：不管哪一派的太极拳都离不开八法，八法是太极拳的核心，"掤挤肘靠"是四个进攻手法，"捋按採挒"是四个防御手法，太极拳所有动作里面都离不开这八法。就像中国的书法一样，一撇一捺，一横一竖……所有字都离不开这些笔画。这也是一样，无论是健身还是防身，都离不开八法。

八法整套的练习方法，包括每一式的收式，王培生老师都有成形的东西。后来我又进一步给系统化了，对每一法都新编了具有可操作性的歌诀，按照歌诀练就行了。比如说："掤属水下钻上浮，子丑合松裆翻手，六面劲忘掉手脚，主进攻上对下找。"这就很好掌握：掤先定型，掤属水下钻上浮，水都是先下后上地走，子丑合就是命门和环跳合……类似这样的歌诀很多，比如收式："揉抱阳陵舒筋脉，上托环跳缓衰老。"为什么阳陵泉可以舒筋脉，为什么托环跳就可以缓衰老？练起来很有趣味，内涵很丰富，也好操作。

记者：太极拳的核心都是一样的，但是分出陈、杨、吴、武、孙，它们的区别在于套路架子上吗？

张全亮：就好比书法上的颜、柳、欧、赵，结构一样但各有各的特点，都很好。我经常说三拳如三书，三种练法就好比三种不同的书法，形意拳就好比楷书，太极拳好比行书，八卦掌好比草书，各有特点。任何事物都一样，发展当中都会有个性。人长得都不一样，双胞胎也有不同的地方。

记者：您觉得练到哪个阶段就可以形成一个新的门派了？

张全亮：那不好说。现在有些人还没怎么学呢，就想创新。在传统的基础上可以创新，但必须原汁原味地继承传统的东西。都别说创新，就是想继承都继承不过来。因为每个老师都会带走一部分，你原汁原味地学，下功夫苦练，若干年之后你没想创派，也会形成自己的特点，这是事物发展的必然。因为每一个人的基因不同，性格特点不同，知识、阅历、经验，所处的地域文化影响不同，虽然师承同门，也会有所差别。

武术是武打的技术，是战场实战经验形成的。现在人凭合理想象编拳，你打过仗吗？打过擂吗？保过镖吗？你都没有经过实战，就创新？不是那么简单。人家国外对民族性的东西非常重视，越具有民族性就越具有世界性。日本的相扑，据说每年都有很高额的资金扶持。现在外国人到中国来，都是追求传统的东西，不是追求你编的东西。你会编，我也会编，对不对谁知道啊，供外行看热闹罢了。

"式"与"氏"的区别

记者：我们在网上看到吴式太极拳，有架式的"式"，也有姓氏的"氏"，这两个有什么区别？

张全亮：我常用"式"，但也有人用姓氏的"氏"。传统的东西有一个"非姓不真"的问题。要是说"吴氏"，就是吴家专属的财产。后来国家主管部门把"氏"改成了"式"，就是说姓吴的人创的这个式子，这样说我觉得比较贴切，其实两种说法都可以。现在国家非遗批的还是"氏"。

记者：太极拳的最高境界是空，但好像所有太极拳都强调招式。

张全亮：太极拳没"法"，动就是"法"。什么都一样，变化万千，能动就成，把你逼到那了，你能动吗？你不能动就完了。人处事也是一样，到一个困难的环境，没吃、没喝、没有生存条件，你是死到这儿呢，还是想方设法活下去呢？"活"没有法则，你有你的法则，他有他的法则。

记者：没有一个规定的式子？

张全亮：有为到无为，有定式到无定式，都是这样，后天返先天。小孩儿生下来什么都不怕，看见老虎都敢揪胡子，他没有老虎会吃人的观念。后天的东西是慢慢灌输进去的。王培生老师常讲"现在是后天的识神压住元神了"。现在人后天知识太多，压住元神之后，脑子就封闭了。封闭之后所有做的事儿，自然就要按照后天人们所研究的道儿去走了，干什么事都会拿后天的知识、经验的尺度衡量，看符不符合这个，符不符合那个。

实际不是这样。把先天的渠道打开，就像把中央电视台的库房打开了一样，无论是解放时期的录像，还是抗日战争时期的录像，拿出来一放就全明白了。这个听起来好像挺玄的，实际不是玄。只要得道得法，长期苦练，人体的奥妙之门，是可以打开的，但不是那么容易，也不是一般人可以做到的。现在咱们要求"后天返先天"，不是返到婴儿时期没有辨别能力、没有抵抗能力的天然、无邪的阶段，而是练就泰山崩于前，猛虎扑于后，处之泰然的先天状态。因为任何事物发展都是波浪式前进，螺旋式上升的，不可能返回到原来的位置，后天的大智大勇，无我无他都是靠后天的知识和实践锻炼形成的。

太极拳是一个波浪式前进、螺旋式上升的圆运动。我们在这儿说了半天了，我们所在的位置看似没有什么变化，其实已经发生了很大变化。地球一直在不停运转，坐地日行八万里。细胞生了多少，死了多少，人在老化，知识在增多，都在变化。变就是法，变中有不变，这是规律。地球和太阳一直在不停地公转和自转，多少亿万年一直在转，昼夜更替、四季循环，时代变迁、生老病死等都是在变。可是一年和一年、一季和一季、一天和一天都不一样。但又万变不离其宗，都是有规律的。关键是在研究了规律之后，还要研究变化，这是主要的。大学毕业之后，不能与时俱进，只是死抠书本知识绝对不行，成不了才。能因势利导、与时俱进，去研究发展开明的东西才有前途。

南吴北王

记者：吴式太极拳有南派和北派之分，这两者有什么大的区别吗？

张全亮： 1928 年，上海请吴鉴泉先生去教拳，他去之后成立了鉴泉太极拳社，教的都是国民党高级官员，都是大人物。王茂斋是大师兄，他留在北京创建了北平太庙太极拳研究会，跟他在这儿练拳的什么层次的人都有，平民百姓居多，每天有几百人。两位前辈通过若干年的教学实践，受地域文化等方面的影响，逐渐发生了一些变化，慢慢形成自己的特点。

记者： 主要是动作上有一些变化吗？

张全亮： 不完全是动作上的变化，还有内意、气势、理念等方面的区别。所有的变化都和地域文化的影响有关。比如北派受皇家文化的影响，端庄、厚重、气派、大方；南派则受江浙文化的影响，清秀、优美、灵活、巧妙。当然也还有自身文化修养、性格特点、遗传基因等方面的影响。内外因素综合融化，虽师承同门，但必然各有特点。任何事物的发展都是这样的规律。练法上有变化，技击、推手上也自然会有所不同，比如经常跟一些年龄大的人或女性或小孩或体弱者推，和经常跟一些五大三粗、年轻力壮和经常摔跤、打擂的人推，出来的东西肯定不一样，从而形成了理念、劲别和招法、特点上的区别。"南吴北王"的形成我认为不外乎这些原因。

南派有的老师不同意"南吴北王"的说法。在丽江参加国际太极拳交流的时候，大会要求我代表北派，讲吴式太极拳（北派）改革开放三十年的发展变化，我的论文下了很大功夫，写了一个多月，写完之后又给好多老先生审阅，经过反复修改，没费事就入围了。组委会认为这篇文章写得很好。但南派代表马海龙先生却提出了异议，认为吴家拳就是吴家拳，没有什么南派北派之分，这是分裂、倒退。

于是我就带着一个师弟去拜访他。我自报家门，说是王培生老师的弟子，论辈分他是我师叔。我说明来意，说想听听他对我论文的意见。他还是说分派不好，是一种倒退分裂。我说，师叔，我是小辈，恕我直言。咱们是杨氏拳的后学，全佑先生从杨露禅那先学大架，后来又拜杨班侯学习小架，他经过多年的刻苦磨炼之后，吸收了大小架的精华，形成了中架式太极拳，您说这是前进了还是倒退了呢？1902年全佑先生逝世之后，王茂斋先生和吴鉴泉先生等几个人又经过十几年的苦练精研，切磋提炼，并吸收了其他太极拳优秀流派的长处，去掉了原来拳式中的纵跳、发力、发声、低裆下式等练法，改为单腿负重，紧凑舒伸，轻静柔化、圆活灵巧，点打拿发摔卸融为一体，含而不露的新型拳式，成为后来人们公认的吴式太极拳，为吴式太极拳定了型，完全跟全佑先生练的不一样了，跟杨露禅练的就更不一样了。这是事实，那这是倒退吗？这是在前进发展啊！后来吴鉴泉先生到江南，王茂斋留在了北方，他们俩经过多年的教拳实践，再加上地域文化的影响，形成了各具风格的南北两派，这是发展呢还是倒退？更不能说是分裂吧！

听了我一番话，老先生不言语了。我说您不能那么说，那是咱们自己褒贬自己，咱这是大发展。最后老先生说那"我的意见供你参考吧"。

后来跟北京市吴式太极拳研究会会长关振军去上海拜访他，当着好几位前辈的面，他还是说那些话，我又把我的观点重复一遍，大家纷纷说张老师说得对，"南吴北王"是进步，是发展。

中国传统武术的灵魂

记者：我在广场、公园里看到的太极拳，有点类似于太极操。能防身吗？您的弟子练哪种太极拳的多呢？

张全亮：也有不少喜欢推手、散打的。我们在教学过程当中也是以套路为主。因为中老年人大部分是以健身为主。太极拳是武术，其作用主要是防身，现在是以健身为主了。

记者：您练的太极拳、八卦掌，都属于内家拳。它的技击效果和外家拳有什么不同吗？

张全亮：我在1974年以前，主要是练外家拳，查拳、滑拳、通背拳、八极拳、劈挂拳都练过。1974年以后我才开始练内家拳。内家和外家的区别一个是内家主柔，强调以柔克刚；外家拳主刚，强调以刚制柔。太极拳是专心致柔，柔中寓刚。据说，太极拳原来创造的时候就是对付少林拳的，你刚我就柔，以柔克刚。就好比舌头和牙，牙永远熬不过舌头，牙都掉了，舌头还挺好。太极拳是以老子的水哲学为指导，水能随方就方，随圆就圆，无孔不入，世界上至柔莫过于水，至刚亦莫过于水。内外两家特点不同，但没有好坏之分。是一个阴阳的变化过程，好比人在午夜出生，慢慢旭日东升，越来越强，这段时间必须练刚，你不让他跑也不行，这么点小孩正在长身体，长智慧，你让他慢慢练几乎不可能，必须要充实他。到十一点多，接近十二点了，这时候身体最强盛，官职做得最大，生意最好，如果还是一味练刚，你等于往火葬场推他呢，需要慢慢缓下来，研究点理论，练点柔的东西。

我通过研究发现，内家拳以内气为主，外形从之；外家拳以外形为主，内气从之。都是一样，两者离了哪个都不行。我感觉总的来看，还是偏柔一点好，柔中寓刚。如果一个人老是刚，对自己不好，对别人也不好，说话老是那么冲，老噎人，婉转一点不行吗？把道理讲清了不好吗？就好像天和地，这两者是一阴一阳，相互照应。

记者：传统武术分这多门派和种类，有没有一个核心的灵魂。

张全亮：从理论上来说，都是以易理为拳理，哲理性拳术，都能体现中国文化的特色，和谐、谦恭礼让、不争名夺利等。练法上都是偏重于整体运动，不是局部运动。内外、上下、形神都要一致，中国传统武术还有一大特点。就是练武和育人相结合，一般的运动只是锻炼肢体，传统武术会告诉你练武干什么？保卫自己，保卫人民，保卫国家，弘扬正能量，这是中国传统武术和现代竞技武术不一样的地方。

影响中国传统武术的"三笨篱"

记者：吴式太极拳有纸质的东西传下来吗？

张全亮：过去的不多，新中国成立以后出版的不少。王老有一些著作，我也有一些著作、文章，网上很多。过去老人们著作少，杨禹廷师爷《太极拳动作解说》大部分都是说某一个动作怎么练，里边的东西一般不公开说的。武术界有"法不传六耳"之说，意思是，老师给你说东西，不能让另一个人听见，这是那个时代普遍的想法，因为教会徒弟怕饿死师父，都有这个顾虑。现在咱们讲弘扬，我这有点东西赶紧得跟你说，好传承下去，再不说就完了。人去武亡。

很多拳种国家和地方政府都不太重视，只是靠民间的力量在弘扬。吴式太极拳发源在北京，可是在 40 年前，北京大兴已很少看到吴式太极拳的足迹。我通过四十多年的奋斗、传习、研究、发展，现在在大兴已经有成千上万的人在练习。我在大兴区老干部大学太极拳社教吴式太极拳 13 年，后来交给学生负责，到现在已有 15 年了。分初级班、中级班、高级班三个班。大兴区的退休干部、退休职工很多人都参加过我的培训班。下面的辅导站也是如此。魏善庄原来一个练太极拳的都没有，后来我从老干部大学调了十多个学员去教了好几个月，现在已有七八百人会练吴式太极拳。到现在大兴地区练习吴式太极拳的人已近万人，近十多年我在全国已先后建立了 6 个分会，40 多个辅导站，坚持学练吴式太极拳的人已近 10 万人。

大家不图名不图利，就是想把老前辈的东西传承下去。传承、保护、弘扬祖国的非物质文化遗产对国家来说是贡献，对自己、对家庭也都有益，因为健康快乐比什么都重要。我们没向国家要过钱，而且都是往里搭钱，有什么活动，家人和弟子凑钱干。我粗略的统计了一下，近十多年来我和我的子女、弟子、朋友在吴式太极拳等传统武术的传承、开展各种交流活动、培训活动、到全国各地及国外参加比赛、出版书刊光盘、先后申报市级和国家级非物质文化遗产等有关方面的开支已超过 100 万元。很多民间老拳师都这样，完全是一种奉献。这帮人如果没有了，传统武术也就没有了。

我先后在深圳卫视搞《中国功夫之星》全球电视大赛任专家评委一

年；在中央电视台 5 频道《武林大会》传统武术擂台赛先后任专家评委、总裁判长和 WMA 中国武术职业联赛任总教练副总裁判长共四年半的时间；还在广东卫视《武行天下》任专家评委协助组织过中国民间传统拳跟泰拳打。我 2001 年退休以后有好几个单位请我去做这做那，我都谢绝了，我全身心地都投入到了我所传承喜爱的吴式太极拳、梁式八卦掌的弘扬、发展这一神圣事业上了。

有一次在烟台开记者招待会，主办方给我一个题目，让我讲一下中国传统武术现在的形势。我说，中国传统武术就好比一锅肥肉，肉也肥汤也肥，现在主要有三个笊篱在捞：第一是官方的专业人员捞，捞出去编成各种表演套路、竞赛套路，向大中小学、社会团体普及推广，既有名又有利。第二是外国人捞，捞出去之后编成这个道那个道，编成规则，向全世界推广并使之进入奥运会、亚运会。第三是艺术家捞，捞一笊篱出来编成武侠小说、武打电影，满天飞，会点穴。外国人崇拜中国功夫，大部分是看了中国的武打电影、武侠小说的原因。

中国传统武术就好比是一个美女，披着神秘的面纱，非常漂亮，可到人老珠黄了，死了，谁也没见过她的真容。因为传统武术没有像现代武术那样，有官方的强大的支持力度，没有像现代竞技武术那样，有那么优厚的物质待遇保障的展示平台。只是靠师父带徒弟，利用早晚的业余时间义务传授，实战训练缺乏物质保障。

中国传统武术这锅肥肉慢慢地肉也没了，汤也干了。最后在历史上只能写下一笔，说中国某朝代有一个叫"传统武术"的东西。但是她长什么样呢？你可以去想象判断，可能就是社会上那种音乐一响，一遍一遍练的东西吧？可能是跆拳道、柔道吧？可能是荧幕上的那些神功绝技吧……

竞技武术与传统武术的区别与发展

记者：您觉得现在的竞技武术是不是中国传统武术？

张全亮：竞技武术是官方大力支持，现代人创编的，以追求外形美观、动作难度高，表演和擂台得分高的，以决胜负为主要目的，靠它夺金牌，壮国威的现代武术体系；传统武术是武林先辈在老祖宗们长期的求生存，谋发展的与自然灾害斗，与野兽斗，与强敌斗的过程中不断地总结、提炼的，用生命和鲜血得来的。中国传统武术是以决生死为主要目的的，每个动作都有极强的技击含义。

国家每年要花好多个亿买国外竞技项目，中央电视台没有一项是中国传统武术的栏目，钱都让外国人挣去了。后来有关领导和武术专家们反复研究，最后决定推出《武林大会》这样一个栏目。可中国武术这么多门派，怎么个打法呢？最后确定了"弘扬传统武术，传承功夫精髓"的主题，采取先组织各流派单拳种比赛，通过海选、封闭培训、打擂，以及专家"说武论技"等形式。把中国传统武术的各门各派一个个推上国家最高的新闻媒体的平台。这样培养几年之后，再打破限制，进行不同拳种之间的比赛。原来是录播，后来到 WMA 中国武术职业联赛时，以现场直播的形式做实验，也比较成功。

《武林大会》前前后后的一些活动我都参与了。一开始很不错，收视率超过美国 NBA 好几倍，反响很好。坚持了 4 年多的时间，但最后因种种原因违背了初衷，没能坚持下去。

竞技武术发展得比传统武术强得多，主要是有经济支持。

太极拳的社会作用与健身作用

记者：现在社会太浮躁了。

张全亮：人浮躁了，武术管理部门对武术界的正能量应该鼓励、表扬、支持，消极的方面应该批评抑制，可没人管这个事。

现在国家对传统武术比较重视了，搞非遗保护，实行太极拳"六讲"，发展情况在逐步好转，但一下子扭转过来也是不容易的。

记者：现在环境跟以前不一样了，以前练武的人可能什么都不干，就专注地练武，每天要练几个小时。

张全亮：现在也有。我在武当山教拳的时候，我们一天八个小时训练，有人晚上还练，有的人能练到凌晨两三点。我有一个弟子，正阳县的李富山，他经常晚上不睡觉，白天不出门，晚上经常一练就是一宿，早上睡一觉到九点多钟，白天也不出去吃饭喝酒，一门心思琢磨武术。

记者：还是有真心爱这个东西的。

张全亮：中医药界有一句话叫"识者遍地珠宝，不识者遍地野草"。武术也是一样，你认识它就是国宝，不认识就无所谓了，不就是瞎比画么，还不如去跑步，去跳舞呢。中国传统武术好比是捧着金饭碗讨饭。我们可以翻翻历史，从孙中山开始一直到现在的国家领导人，都对太极拳或有过批示、指示或是具体行动。像李克强总理将印度的瑜伽与中国太极拳嫁接，就是一种具体行动。最珍贵的是周总理1959年会见日本松村谦三时说："太极拳是中国的一种优秀传统文化，内容十分丰富，充满哲理，与中国传统医学有着血缘关系。学练太极拳是一项很好的健身运动，可以强身健体，可以防身自卫，也可以陶冶情操，是一种美的享受，还可以给人们生活带来无限情趣和幸福，可以延年益寿。"周总理对太极拳的性质和作用，做了准确、科学、全面的定位。邓小平题词：太极拳好。他为什么不说这个运动好，那个运动好，偏说太极拳好呢？

现在全国上下太极拳热，从中央到地方，从老到少都在练太极拳，企业家也是如此，李连杰和马云都投资太极拳。

现在，社会上很多人很浮躁和很多人的身体处于亚健康状态。没有任何一种文化和与这种文化统一的运动形式能改变这种社会现象，只有太极拳和太极文化能胜任这项任务。

据说国外孔子学院花了好多钱传播中国传统文化，结果发现外国人学"之乎者也"很困难，热情不高，收效不大。太极拳却是一个很好的切入点，人们可以通过太极拳了解中国传统文化。

记者：肢体语言更容易被接受和选择。

张全亮：世界太极拳网和三亚南山举行的首届世界太极文化节这个活动搞得非常好，几十个国家 10000 多人参加，据说主办方今后还要把这个活动推广到国外。实践证明，太极拳、太极文化既能给人类健康还能促进世界和平，使人类安居乐业。凡是练太极拳的人，包括外国人在内，练着练着暴性就没了，杀气就没了，就团结和谐了。

记者：这跟它背后的哲学思想是有关系的。

张全亮：对。这太宝贵了。

受益者的回声

昔日病秧子　今日来说拳

上海　黄企华

我习练太极拳，始于 20 世纪 80 年代初，至今已有三十多年了。

三十多年前，我是一个名副其实的病秧子。1982 年，我因患脑部肿瘤，手术后休了一年的长假。在此期间，我接触了太极拳——但只是偶尔到公园去跟着别人比画比画而已。没有老师指导，什么也不懂。

1996 年，我有幸参加了上海市拳操队（后改为现在的上海市老体协），开始在老师的指导下习练太极拳，并从 2006 年开始，在社区教授太极拳。遗憾的是，这些年我基本没有接触过传统太极拳，只打陈、杨、吴的竞赛套路，对传统太极拳总是感到很神秘。

2015 年，我有幸成了著名武术家、吴式太极拳名家张全亮老师的入室弟子。在师父的悉心传授下，我学习了吴式太极拳基本八法、吴式太极拳传统套路 37 式和师父改编的传统吴式太极拳 10 式。通过学习，师父关于太极拳的"按窍运身"的道理已深入我心，那些原来认为很神秘的"命门""环跳""涌泉""夹脊""肩井""劳宫"等人体穴位，我也已耳熟能详。如今，在我的教学中，诸如"掤劲命门找环跳"之类的口诀，我是张口就来。这里，我还要特别地说说师父改编的吴式简化太极拳 10 式。这套拳，短而精练，既保留了传统吴式太极拳的精华，又体现了套路的完整性，非常适合于初学者。有了这套拳，不仅我教得轻松，学员们学起来也非常愉快。每天，我带领我的学员一遍一遍地打吴式 10

式太极拳，慢慢地体会吴式太极拳的川轨步、斜中正、单腿负重等技巧；慢慢体会吴式太极拳的以心行意、以意导气、按窍运身、意到气到、气到劲到等窍妙。现在，大家都已喜欢上了吴式太极拳的传统套路。

记得师父在上课时曾给我们说过，当前亟待我们去做的是传统太极拳的传承工作。如今，张全亮老师已70多岁高龄，但仍经常奔走各地进行教学和研讨活动。

我的学员中有不少人与我初学太极拳时一样，是因为身体不好才来学拳的。我就以身说拳，以自己的经历来鼓励大家——原来，我是个连说话都没力气的病秧子，由于坚持习练太极拳，现在，我能边给学员讲解动作要求边进行肢体示范，一连三四个小时都不觉得累。

现在有了吴式10式太极拳，更有利于推广传承吴式传统太极拳。我要牢记师父教诲，为学习和传承传统吴式太极拳尽自己的绵薄之力。

吴式太极拳给了我新生命

哈尔滨　郭连才

我是一个人民交通警察职员，因身体原因提前退休了。以前，每年春秋两季我都要住进医院，疾病的折磨使我整天昏昏沉沉。2016年7月，我又住进了医院，高血压、糖尿病指标值居高不下……这时我有缘结识了著名武术家、吴式太极拳名家张全亮先生的入门弟子王照有老师，他向我介绍了吴式太极拳的健身作用，使我看到了希望，并开始向他学习吴式传统太极拳。

老师言传身教，我用心体悟、反复练习，慢慢学会了吴式传统太极拳37式和10式。我一边练拳，一边配合练习站桩和静功内养。3个月后，我的身体有了明显好转，头不昏沉了，走路感觉轻快稳当了，身上感到有劲儿了。这坚定了我进一步练好太极拳的信心。

遵照王照有老师的教诲，我每天早晨都要练两个小时的吴式太极拳，午后在家站桩，晚上打坐意守听音。刚开始站桩时，我连几分钟都坚持不了，现在一次能站40分钟了。经过8个月的练习，我深深喜欢上了吴式太极拳。它不仅仅是一套拳法，还包含了易理、中医、经络学、心理学和阴阳学说。只有潜心修炼、细心琢磨方能领会到真正的内涵，从而达到治病强身的效果。

我是一个饱受疾病折磨，而充分体会到吴式太极拳健身效果的受益者。我的血压、血糖都稳定了，胰岛素不打了，降压药也不吃了，20多年的高血压、糖尿病神奇般地好了。如今我简直是枯木逢春、神清气爽，可以说是吴式太极拳给了我新的生命。

今后，我不仅自己要学好、练好吴式太极拳，而且要尽我的力量去传播它，让更多的人受益。

十式太极　简而不简

张全亮老师创编的传统吴式简化太极拳10式，虽是为初学者设计的，但我作为一名有了一些基础的学员，学练之后，仍有很多感悟，觉得这套拳同样适合于老学员。

第一，传统吴式简化太极拳10式，解决了很多人因为没有时间而无法学拳的难题。学会传统吴式简化太极拳10式只需三、四天时间；按规范要求练一趟传统吴式简化10式太极拳只需两、三分钟的时间，这就给既没有时间又没有太极拳基础的人打开了方便之门。

第二，传统吴式简化太极拳10式，表面看似简单易学，但麻雀虽小，五脏俱全，每一个招式都有丰富的内涵。其动作规范、身心感觉、健身作用、技击意义等都要我们认真地去学习、去体会。学会、学好这

10 式，就能基本掌握吴式太极拳的运动规律，进入吴式太极拳之门。

第三，我常常快走半小时不出汗，但按规范要求打两遍吴式太极拳10 式，就能微微出汗，而且浑身很舒服。这说明吴式太极拳10 式动作少，但活动量却不小，是内外如一的整体运动，是神、意起主导作用的高级运动。

张全亮老师印象

深圳　施海方

2016 年12 月中旬，我参加了张全亮老师在珠海的"王培生传六十四散手"培训班，学习了老师亲自传授的吴式太极拳八法，深感获益良多。

在参加这个培训班之前，我练了近10 年的传统杨式太极拳和武当八卦掌，接触的国内外的太极名师不在少数，但张全亮老师却是给我留下深刻念想的一位。

上课的时候，张老师一遍又一遍地给我们做示范，纠正我们的动作和神态，常常因上课时间长，来不及喝上一口水。有几天我用手机一遍又一遍地录下了老师示范的视频，晚上回到宿舍一看吓了一跳——老师当天亲自示范同一个套路的次数竟然达到了13 遍之多，且每一个动作都一丝不苟！要知道，张老师那时已经75 岁了！

茶余饭后，面对大家提出的问题，张师有问必答，且耐心细致，丝毫没有"武术大师"的架子。

回深圳之后，我常常在想，这或者就是一种"太极精神"，一种出于对国粹武术的热爱而绽放出的循循善诱、诲人不倦的精神！记得当时在课上，张老师曾提到虚实和内外三合的问题，并让我作答。我说，左脚与右手合、右脚与左手合。张全亮老师随即点醒我们说："没错，这就是拳论讲的'左重则左虚，右重则右杳'。实腿同侧的手是虚手，虚手即是阳手，是主宰手，主动、主变，要虚灵；虚腿同侧的手是实手，是从属的手，随虚手的动而动，两者要紧密配合，形成一体，不能主动。这就是阴阳，就是对立统一！"这句话就像阳光透进暗室，刹那间让人豁然开朗。得招式易，得心法难。明白了心法才能默识揣摩，触类旁通。

无疑，张全亮老师的讲课是他练拳、教拳数十年千锤百炼的经验体悟，这才做到了大道至简，直指人心！至简，是因为抓住了最本质的东西，所谓得一而万法毕。

2017 年元旦后，吴式太极拳名家高壮飞老师夫妇在我家小住半月。那时，每晚我都会向高师请教拳理。一老一小，秉烛夜谈，总是有说不完的话。有一次我向高壮飞老师问遍了京城吴式太极拳名家，高老说，"全亮功夫很不错，我们往来也多"。惺惺之情，溢于言表。

今得知张全亮老师的大作即将出版，而其删繁就简创编的"吴式太极拳 10 式"就收录在这本书里，甚是高兴。这是我们太极门人之幸事！"少则得，多则惑"，十式通则百式通，初学者可由此而入太极拳之门也。

从入门到进阶，看这本书就够了

五邑大学　李日星

吴式太极拳以严密紧凑、沉静柔和、精巧细腻、轻灵圆活为特征。传统吴式太极拳 108 式、83 式、37 式这些套路的演练所用时间长，且入门难度大。武学大家王培生先生创编的传统吴式太极拳 37 式，虽然动作少了，但全套学下来，也是耗时太长，特别是王培生先生提出的"以心行意，按窍（穴位）运身"的要求，对初学者来说更是深奥难学，门槛难进，一趟拳学会且规范到位，达到内部运行的要求，短时间内很难实现，所以使不少习练者产生畏难情绪。

为了解决吴式太极拳传统套路初学者入门难、耗时长的难题，张全亮老师以丰富的教学经验，精心创编，图文并茂地演绎了吴式太极拳 10 式、18 式和 28 式三种学习和演练套路，为广大吴式太极拳爱好者提供了一条由易到难，层层进阶，循序渐进，轻轻松松进入吴式太极拳殿堂的有效捷径。这既是张全亮老师研究、推广吴式太极拳的重要成果，也是他不遗余力守护国粹，为了更广泛地传播吴式太极拳而做的固本强基、补遗填缺的基础工程，其价值不可限量。

第一，立足入门，循序渐进，迈向吴式太极拳殿堂的法门。吴式太极拳 10 式、18 式和 28 式三种套路，是学习吴式太极拳先易后难、由简到繁的递进式套路。吴式太极拳 10 式是吴式太极拳套路的基础性动作，涵盖了吴式太极拳单腿负重，川轨步型；轻灵柔化，气度开阔；立圆旋转，按窍运身的步法、身法和手法的基本训练内容。为当代特殊群体设定特殊的吴式太极拳入门套路，渐次引入佳境。这是张全亮老师创编吴式太极拳 10 式的良苦用心。它将成为吴式太极拳习练者迈向太极殿堂的最佳捷径和第一法门。毫无疑义，吴式太极拳 10 式的推广，必然会产生"短平快"的奇特效应。

大凡学习技艺都是开头难，一旦开好局，激发起兴趣，就会一发不可止地向纵深展开，学习吴式太极拳也是如此。在学完吴式太极拳 10 式，并对吴式太极拳的步法、身法和手法具备了一定的操作能力之后，就会产生延伸学习的渴望。18 式和 28 式就是张全亮老师为吴式太极拳爱好者创编设定的进阶内容。18 式在 10 式基础上增加了揽雀尾、单鞭、下势、上步七星、如封似闭、抱虎归山等动作，引导习练者领略体悟吴式太极拳"掤、捋、挤、按、采、挒、肘、靠"八法的妙趣和"进、退、顾、盼、定"步法的灵动。18 式是习练吴式太极拳由 10 式向 28 式或 37 式进一步延伸与进阶，逐步迈向吴式太极拳殿堂的重要环节。

第二，立足竞赛演练，精研细磨，展示吴式太极拳风貌。吴式太极拳 28 式是张全亮老师为民间吴式太极拳爱好者，精心打磨创编的经典竞赛和表演套路，提供了一种既可以反复精练，又适宜竞赛场上表演的实用性套路。这个套路具有鲜明的编排特征和组合创意。

其一、完整性。吴式太极拳 28 式在 18 式的基础上，增加了相对平衡难度较高、运动量较大的动作，如分脚、蹬腿、贯耳、摆莲等动作，较为完整地撷取了吴式太极拳的经典动作。整个套路根据平衡难度的高低和运动量的大小排列顺序，形成了由易到难，再由难到易的曲线运行节律，体现了难易相从、徐疾有致、高潮跌宕的完整性和整体美。

其二、对称性。吴式太极拳 28 式的显著特点是同一动作左右、正反互练，如左右搂膝拗步、左右手挥琵琶、左右野马分鬃、左右金鸡独立、左右倒撵猴、左右斜飞式、里外云手等。这种一正一反、一左一右、相互交替的演练方式，不仅能较好地锻炼身体的协调能力，提高身体的灵敏度和柔韧性，而且使整个套路因均衡对称而具有流畅的对称美。

其三、实用性。吴式太极拳 28 式具有广泛的适用群体。在当代，人们的工作节奏快、生活压力大、交往应酬多，运动休闲的时间不足，难以有足够的时间悠闲地学习传统吴式太极拳 83 式，从容地学习 37 式也属不易。吴式太极拳 28 式的动作经典而简练，全套打下来大致需要 5 到 6 分钟，既有轻松调节心身的愉悦，又会有咀嚼英华、品味拳理的成就感。当然，对于吴式太极拳有较高造诣的拳友来说，28 式同样适用于他们精益求精，打磨演练。倘能按照套路经典动作左右习练，里外转换，娴熟用意，悟透拳理，则能"头顶太极，胸怀八卦，脚踩五行"，即兴取舍，游刃有余，进入吴式太极拳轻灵柔化、按窍运身的奇妙意境。以此行拳走架，把玩技艺，品尝国术，颐养性情，岂不快哉！

第三，立足精练，以少胜多，以解剖麻雀的方式，诠释吴式太极拳 10 式精微的拳理拳法。张全亮老师用极为详尽通俗的笔调，对每一个式子按"命名释义""动作分解""身心感觉""健身功效"和"技击意义"的顺序进行分析讲解，赋予本书拳理与医理、操作性与学术性相融合的丰厚文化内涵。

张全亮老师的《传统吴式太极拳入门诀要》一书，凝聚了他长期以来对吴式太极拳教学的心血，提炼了他研究成果的精华。这本书不仅是张老师奉献给初学者开启吴式太极拳神秘殿堂的钥匙，也是吴式太极拳在与时俱进的推广、普及过程中诞生的宝典。毋庸置疑，此书的出版发行，将进一步推动非物质文化遗产吴式太极拳的推广普及与研究创新。在复兴传统，回归武林，弘扬国粹，促进文化产业发展的当代潮流中，必将产生不可估量的现实意义和社会价值。

人文武术精品书系

北京科学技术出版社

武学名家典籍丛书

杨澄甫武学辑注　　定价：178 元
杨澄甫 著　邵奇青　校注
《太极拳使用法》
《太极拳体用全书》

孙禄堂武学集注　定价：288 元
孙禄堂 著　孙婉容　校注
《形意拳学》　　《八卦拳学》
《太极拳学》　　《八卦剑学》
《拳意述真》

陈微明武学辑注　　定价：218 元
陈微明 著　二水居士　校注
《太极拳术》　　《太极剑》
《太极答问》

薛颠武学辑注　　定价：358 元
薛颠 著　王银辉　校注
《形意拳术讲义上编》
《形意拳术讲义下编》
《象形拳法真诠》
《灵空禅师点穴秘诀》

陈鑫陈氏太极拳图说（配光盘）
　　　　　　　　定价：358 元
陈鑫 著
陈东山　陈晓龙　陈向武　校注

李存义武学辑注　定价：268 元
李存义 著
阎伯群　李洪钟　校注
《岳氏意拳五行精义》
《岳氏意拳十二形精义》
《三十六剑谱》

董英杰太极拳释义　定价：98 元
董英杰 著　杨志英　校注

刘殿琛形意拳术抉微
　　　　　　　　定价：80 元
刘殿琛 著　王银辉　校注

李剑秋形意拳术　　定价：89 元
李剑秋 著　王银辉　校注

许禹生武学辑注
许禹生 著　唐才良　校注
《太极拳势图解》《陈氏太极拳第五路并少林十二式》

张占魁形意武术教科书
张占魁 著　吴占良　王银辉　校注

靳云亭武学辑注
靳云亭 著　王银辉　校注
《形意拳图说》《形意拳谱五纲七言论》

I

武学古籍新注丛书

王宗岳太极拳论　定价：50 元
李亦畲　著　二水居士　校注

太极功源流支派论　定价：68 元
宋书铭　著　二水居士　校注

太极法说　　　定价：65 元
二水居士　校注

手战之道　　　定价：65 元
赵　晔　沈一贯　唐顺之
何良臣　戚继光　黄百家
黄宗羲　著
王小兵　校注

百家功夫丛书

张策传杨班侯太极拳108 式
（配光盘）　　定价：48 元
张　喆　著　韩宝顺　整理

河南心意六合拳
（配光盘）　　定价：79 元
李洵波　李建鹏　著

形意八卦拳　　定价：52 元
贾保寿　著　武大伟　整理

王映海传戴氏心意拳精要
（配光盘）　　定价：198 元
王映海　口述　王喜成　主编

张鸿庆传形意拳练用法释秘
　　　　　　　定价：69 元
邵义会　著

华岳心意六合八法拳
　　　　　　　定价：65 元
张长信　著

戴氏心意拳功理秘技
定价：68元
王毅　编著

传统吴氏太极拳入门诀要
（配光盘）
定价：68元
张全亮　著

程有龙传震卦八卦掌
奎恩凤　著

刘晚苍传内家功夫及手抄老谱
刘晚苍　刘光鼎　刘培俊　著

尚济形意拳练法打法实践
定价：86元
马保国　马晓阳　著

拳疗百病——39式杨氏养生太极拳
戈金刚　戈美藏　著

民间武学藏本丛书

守洞尘技	崔虎刚　校注	母子拳	崔虎刚　校注
通臂拳	崔虎刚　校注	拳谱志三	崔虎刚　校注
心一拳术	李泰慧　著　崔虎刚　校注	拳法总论	崔虎刚　校注
少林论郭氏八翻拳	崔虎刚　校注	绘像罗汉短打变式	崔虎刚　校注
少林秘诀	崔虎刚　校注	绘像罗汉短打通式	崔虎刚　校注
少林拳法总论	崔虎刚　校注	计艺外丹	崔虎刚　校注
六合拳谱	崔虎刚　校注	香木神通	崔虎刚　校注
单打粗论	崔虎刚　校注		

老谱辨析点评丛书

再读浑元剑经	马国兴　著	再读杨式老谱	马国兴　著
再读王宗岳太极拳论	马国兴　著	再读陈氏老谱	马国兴　著
太极拳近代经典拳谱探释	魏坤梁　著		

拳道薪传丛书

三爷刘晚苍
——刘晚苍武功传习录
定价：54 元
刘源正　季培刚　编著

乐传太极与行功
定价：68 元
乐匋　原著
钟海明　马若愚　编著

慰苍先生金仁霖——太极传心录　　金仁霖　著　　中道皇皇——梅墨生太极理念与心法　梅墨生　著

习武见闻与体悟　　　　　　　　　陈惠良　著

民国武林档案丛书

太极往事　　　　　　　　　　季培刚　著

图书在版编目（CIP）数据

传统吴式太极拳入门诀要/张全亮著. —北京：北京科学技术出版社，
2017.11

（百家功夫丛书）

ISBN 978 - 7 - 5304 - 9206 - 2

Ⅰ.①传…　Ⅱ.①张…　Ⅲ.①吴式太极拳 - 基本知识　Ⅳ.①G852.11

中国版本图书馆 CIP 数据核字（2017）第 207264 号

传统吴式太极拳入门诀要（附光盘）

作　　者：张全亮
策　　划：王跃平　常学刚
责任编辑：苑博洋
责任校对：贾　荣
责任印制：张　良
封面设计：古涧文化
出 版 人：曾庆宇
出版发行：北京科学技术出版社
社　　址：北京西直门南大街 16 号
邮政编码：100035
电话传真：0086 - 10 - 66135495（总编室）
　　　　　0086 - 10 - 66113227（发行部）　0086 - 10 - 66161952（发行部传真）
电子信箱：bjkj@ bjkjpress.com
网　　址：www.bkydw.cn
经　　销：新华书店
印　　刷：保定市中画美凯印刷有限公司
开　　本：710mm×1000mm　　1/16
字　　数：182 千字
印　　张：14.75
插　　页：4
版　　次：2017 年 11 月第 1 版
印　　次：2017 年 11 月第 1 次印刷
ISBN 978 - 7 - 5304 - 9206 - 2/G·2675

定　　价：60.00 元（附光盘）